吕氏春秋詞典

（修訂本）

張雙棣　殷國光　陳濤　著

商務印書館
2009年·北京

圖書在版編目(CIP)數據

呂氏春秋詞典/張雙棣等著.—修訂本.—北京:商務印書館,2009
 ISBN 978-7-100-05275-7
 Ⅰ.呂… Ⅱ.張… Ⅲ.呂氏春秋—詞典
Ⅳ.B229.2-61
中國版本圖書館CIP數據核字(2006)第150388號

**所有權利保留。
未經許可,不得以任何方式使用。**

LǓSHÌCHŪNQIŪ CÍDIǍN
呂 氏 春 秋 詞 典
(修 訂 本)
張雙棣　殷國光　陳濤　著

商　務　印　書　館　出　版
(北京王府井大街36號　郵政編碼100710)
商　務　印　書　館　發　行
北京市白帆印務有限公司印刷
ISBN 978-7-100-05275-7

2009年10月第1版	開本 880×1230	1/32
2009年10月北京第1次印刷	印張 22¼	插頁 2

定價:48.00元

　　張雙棣　北京人，1944年生，1969年畢業於北京大學中文系，現爲北京大學中文系教授、博士生導師，從事古代漢語及漢語史教學與研究工作。主要著作有：《呂氏春秋詞彙研究》、《淮南子校釋》、《古代漢語字典》（主編）、《王力古漢語字典》（執筆辰集、亥集）等。

　　殷國光　江蘇揚州人，1946年生，1969年畢業於北京大學中文系，現爲中國人民大學文學院教授、博士生導師，從事漢語史及古典文獻學教學與研究。主要著作有：《呂氏春秋詞類研究》、《上古漢語語法研究》等。

　　陳　濤　河北霸州人，1944年生，1969年畢業於北京大學中文系，現爲天津師範大學中文系教授，從事漢語言文字學教學與研究。主要著作有：《晏子春秋譯注》、《古文誤注匡正》、《古漢語常用詞詞典》（主編）等。

目　　錄

序 …………………………………………………… 周祖謨　1
前言 ………………………………………………………… 4

凡例 ………………………………………………………… 6
幾點説明 …………………………………………………… 8
詞表 ………………………………………………………… 13
詞典正文 ……………………………………………… 1—581
總備考 ……………………………………………………… 582

附一　現代漢語拼音檢字表 ……………………………… 583
　　　部首筆畫檢字表 ………………………………… 617
附二　部首筆畫檢字表部首目録 ………………………… 655
　　　現代漢語拼音檢字表音節索引 ………………… 657

修訂本後記 ………………………………………………… 659

序

漢語從商代有文字記載以來，迄今已有三四千年之久。隨着社會的發展漢語也在不斷發展。歷代書籍流傳至今，其卷帙之多可以說盈千累萬，這都是研究漢語歷史的珍貴材料。前人利用古籍研究漢語歷史還很不夠。自宋代以至清代學者所重視的大都在於古聲韻的探討，對於詞彙和語法的研究則很少建樹。直到近些年來語法的研究頗有進展，而詞彙方面尚較遲緩。其所以如此，原因甚多。一方面由於詞彙本身非常繁富，歷代所積累下來的語詞之多直無法統計；一方面由於語詞的產生和繁衍的時代或早或晚難以確定。如單就其一詞，某一時代而論，則言其"有"易，言其"無"難。加之文字之假借，語義之繁衍變化多端，紛然雜陳，難以得其統序，此所謂大道以多歧亡羊。沒有切當的研究方法，就不能得其要領。

　　詞彙是構成語言的材料，要研究詞彙的發展，避免紛亂，宜從斷代開始，而又要以研究專書做為出發點。猶如清人研究古韻那樣，先以《詩經》一書為起點，得其部類，然後旁及《楚辭》以相佐証，以確定韻部的合合，而後之今又從而逐漸加詳加密，以臻完善。以前楊伯峻先生既注釋《論語》和《孟子》同時又分別列出書中的語詞以為研究古漢語詞彙的基礎也就是這個意思。

　　本書的作者曾著《呂氏春秋譯注》一書，參酌前人的著述而又更加詳審易解；並作《呂氏春秋索引》以便于研究《呂覽》者參閱。作者又承王了一先生之教寫成這部詞典，收錄了《呂覽》書中的全部詞彙和固定詞組，以供研究先秦詞彙語法之用。全書依據上古的聲韻系統排列，每個詞條之下又分列法出所屬詞類，辨析詞義，舉出原書用例，並區分其在語法上的結構功能，把詞義和語法聯貫在一起了，給讀者一個全面的知識。這是前所未有的一部著作，為研究古漢語詞彙的發展建立了一種新的方式。作者用力之勤，考索之細，誠為難能可貴，因略陳淺見以為序。一九八八年四月二十五日周祖謨謹書。時年七十有四。

前　言

　　詞典編寫，我國已有悠久的歷史；但專書詞典的編寫才剛剛起步。迄今爲止，問世的專書詞典寥若晨星，這對於深入研究漢語史無疑是遠遠不夠的。王力先生生前多次對我們説起，要寫一部漢語史，必須做斷代的研究，做專書的研究。漢語史的研究，基礎研究做得很不夠，必須寫出專書詞典、專書語法。我們編寫《吕氏春秋詞典》就是遵照先生這一思想進行的。

　　《吕氏春秋》是先秦的一部重要典籍，是先秦典籍中唯一可以知道確切寫作年代的書。書成之後，吕不韋"布咸陽市門，懸千金其上，延諸侯游士賓客有能增損一字者予千金"（《史記·吕不韋列傳》）。可見《吕氏春秋》是用當時的通語寫成的，它的語言具有代表性。因此，《吕氏春秋》是我們了解戰國末期漢語面貌的一部很有價值的書，編寫《吕氏春秋詞典》是一件頗有意義的事。

　　爲了全面地、準確地反映《吕氏春秋》詞彙的面貌，我們採用了詞義描寫與用法描寫相結合的方式。即不僅對《吕氏春秋》全部單音詞、複音詞的詞義做出歸納概括，而且考察每個詞的用法、考察詞在句法結構中的地位、詞的結合能力、詞義與語法功能的關係等，並採用層次分析法，對每個詞的用法做全面的、較爲詳盡的平面描寫。這在專書詞典編寫上是一種新的嘗試。此外，在編排上採用按上古音編排的方式，我們考慮這樣編排對研究詞的聲音與意義的關係，研究同源詞、通假現象會有所幫助。關於古漢語詞類的劃分，一直是個棘手的問題。我們根據詞的語法功能、詞義，並參考使用頻率，給每個詞標寫了詞類，以期引起人們的討論，促進這一問題的解決。以上這些嘗試没有前人的現成東西做參考，因此在理論上、語法體系上、結論上難免存在着這樣或那樣的缺陷,甚至錯誤,但我們力求做到體系一致,義項歸納合宜,用法描寫全面,材料詳盡,統計準確。希望這部詞典能在先秦漢語的詞彙、語法研究中發揮作用。

《呂氏春秋詞典》編寫的準備工作是在1982年開始的。首先是校勘。現在所能見到的《呂氏春秋》最早的版本是元至正年間嘉興路儒學刊本。明代出現了一批刻本。清乾隆年間,畢沅根據元刻本和他所見到的部分明刻本進行過一次比較全面的校理。我們以乾隆五十四年刻畢校本為底本,參照北京圖書館和北京大學圖書館所藏元明刻本十四種,以及近人許維遹《呂氏春秋集釋》、蔣維喬等《呂氏春秋彙校》,加以校訂,作為詞典的依據。在此基礎上,我們做了《呂氏春秋》譯注工作(《呂氏春秋譯注》已於1986年由吉林文史出版社出版),編制了《呂氏春秋索引》。經過兩年多的準備,詞典編寫工作於1984年正式開始。

《呂氏春秋詞典》編寫大綱及樣稿蒙王力先生審閱,先生提出不少中肯的意見,給予我們許多鼓勵,並熱情應允做這部詞典的顧問。萬萬沒有想到,正當詞典初稿即將完成的時候,先生溘然離開我們去了。我們萬分悲慟。悲慟之餘,我們全力以赴地投入到了詞典的定稿工作中。《呂氏春秋詞典》早日問世,是先生生前的希望,無疑也是對先生極好的紀念。

在詞典編寫過程中,中國人民大學胡明揚教授、國家語委會曹先擢教授、北京大學何九盈教授、中國社科院語言所何樂士研究員,對詞典的整體設計及樣稿都提出了許多極為中肯的意見,我們深受教益。特別應該提出的是,周祖謨先生為這部詞典作序,並題寫書名,這對我們是莫大的鞭策和鼓勵。此外,張萬彬同志參加了詞典的整體設計及樣稿初稿的編寫工作。在這裏,我們一併表示衷心的、誠摯的謝意。

由於我們的水平有限,缺點、錯誤定所難免,誠懇地希望專家和廣大讀者批評指正。

張雙棣　殷國光　陳濤
1987年9月

凡 例

一、本詞典是一部專書詞典,供研究先秦詞彙、語法參考使用。

二、本詞典文字依《呂氏春秋索引》所附原文。

全書收錄《呂氏春秋》全部單音詞2972個,複音詞2102個(包括人名、地名、書名、篇名等),以及凝固格式91條。

三、本詞典依上古音編排,上古聲韻系統依王力先生《漢語語音史》。詞條先按韻部排列,韻部相同者按聲母,聲母相同者按諧聲偏旁。讀音不詳者置於詞典正文後總備考中。

複音詞按第一個字列在單音詞後,同字頭的複音詞不止一個時,依下一個字的筆畫多少排列。

同一詞而不同字形者,分別單立。

同形詞,詞條右上角用阿拉伯數字標明。

不單獨出現的字,字頭用○標明。

凝固格式依第一個詞附在該詞詞條之後,用【】標明。

通假字按本字讀音編排。

四、本詞典各單音詞條標有現代漢語拼音、中古音(包括反切、聲、韻、反切以《廣韻》為主,《廣韻》沒有的,酌收《集韻》)。

通假字只注現代漢語拼音,不注中古反切和聲韻。

五、各詞條(專名除外)都標明詞類,如一詞兼屬幾類,在同一條目下分項標明。詞類名以省稱形式外加方框□標注在詞頭之下。

詞類活用用〈活〉表示。

六、本詞典實詞按詞彙意義分項描寫。義項排列順序以詞類為綱,不考慮詞義的引申系統。含本義的詞類列於首位。

義項下描寫詞的用法。描寫採用層次分析的方法，只描寫與該詞直接組合的結構層次。

虛詞按語法意義分項描寫。

星號✤下爲需要説明的其他内容。

詞義不明者放在詞條後[備考]下。

七、複音詞條後標有構詞方式，所用術語見"幾點説明"。

八、全部詞條各義項、用法後均有頻率統計，統計數字放在圓括號（）中。

[備考]中出現的詞計入總數。

星號✤中的統計數字已包括在總數之中。

九、爲了簡潔，專名和部分百科詞條不標詞類，不列用法，不分析構詞方式。

十、爲便於讀者檢索，詞典正文後附有"現代漢語拼音檢字表""部首筆畫檢字表"。以上兩個檢字表由張雙亭、宋玉玲編製。

幾點説明

一、本詞典的上古音系統依王力先生《漢語語音史》先秦音系（戰國）。

1. 三十三聲母：

唇		幫滂並明
舌	舌頭	端透定泥來
	舌面	照穿神日喻審禪
齒	正齒	莊初牀　山俟
	齒頭	精清從　心邪
牙		見溪羣疑　曉匣
喉		影

2. 三十韻部：

陰聲	之支魚侯宵幽微脂歌
入聲	職錫鐸屋沃覺物質月緝盍
陽聲	蒸耕陽東　冬文真元侵談

二、詞的義項的確定主要依據該詞在《吕氏春秋》中的全部語言材料，同時參考前人注釋及同時代的其他文獻。義項的分合原則上從細。例如"上"，我們根據《貴直》"戰鬬之上，枹鼓方用"及《情欲》"臨死之上，顛倒驚懼"諸例，分立出義項"時，時候"。

某些特殊詞義，由於例證少，不足以單獨立爲義項，則在✽中指出。這樣做，既照顧了詞義的社會性、概括性原則，又不致漏掉《吕氏春秋》中詞的新義及特殊義。例如：

再，義爲"兩次"或"第二次"。但在《遇合》"孔子周流海内，再干世主，如齊至衛，所見八十餘君"中，"再"是"重複，多次"的意思。這一新義因只出現一次，我們放在✽中説明。

騮，《孟夏》"駕赤騮"高誘注："騂馬黑尾曰騮。"參考《説文》及前人注疏，"骊"是黑鬣黑尾的红马。但《季夏》有"驾黄骊"句,这个"骊"显然不是黑鬣黑尾的红马,而是其他毛色的马。这一泛指义在《吕氏春秋》中仅出现一次,先秦其他文献也极少见,所以也放在❋中说明。

特殊的代指义也在❋中说明。例如：

白,作为名词,基本词义是"白色"。但在《别类》中有这样的句子,"白,所以为坚也；黄,所以为牣也""黄白杂则坚且牣"。"白"代指金属锡。这一特殊代指义连同它所出现的语境（与"黄"对举或连用）,我们都放在❋中说明。

三、依据词的语法功能,并参考词义,我们把《吕氏春秋》的词划分为十二类：名词、动词、助动词、形容词、副词、代词、数词、量词、介词、连词、语气词、叹词。

关于词类活用。词的活用是针对本用而言。本用指词的基本语法功能,它决定词的归类；而活用只是词的灵活用法、临时用法。本用与活用的确定主要依据该词在《吕氏春秋》中的具体使用情况（包括语法功能和出现频率两方面）,必要时参考词义及同时期的其他文献。例如：

兵,共出现167例。名词用法（"兵器,军事,军队"义）164例；动词用法（"杀,伤害,用兵"义）2例,见《上德》："群臣攻吴起,兵于丧所。"《侈乐》："其生之与乐也,若冰之于炎日,反以自兵。"根据定量分析,"兵"的名词用法是它的基本语法功能,"兵"是名词；"兵"的动词用法是临时用法,是名词活用。

巧,共出现30例。形容词用法26例（"灵巧,巧诈"义）,动词用法（"认为灵巧,耍弄机巧"义）2例,见《知度》："自巧而拙人。"《上农》："多诈则巧法令。"根据定量分析,"巧"为形容词,"巧"的动词用法是形容词活用。

老,共出现23例。形容词用法（"衰老"义）9例；动词用法（"养老"义）1例,见《正名》："太公之所以老也。"名词用法（"老年人"义）13例。根据定量分析,"老"兼有形容词、名词的基本语法功能,因此,我们把"老"看作是兼类词,兼形容词、名词两类,而把"老"的动词用法看作是形容词的活用。

弁，只出現1例。《上農》："庶人不冠弁、娶妻、嫁女、享祀，不酒醴聚衆。""弁"作動詞用，"加冠"之義。高誘注："弁，鹿皮冠。"這是"弁"的本義。考察《左傳》《莊子》《荀子》《公羊傳》《穀梁傳》諸書，"弁"共出現8例，名詞用法6例，動詞用法2例。依據"弁"的本義，以及同時代諸書，我們確認"弁"爲名詞，"弁"作動詞是名詞活用。

四、關於複音詞。《吕氏春秋》的複音詞主要是雙音詞。可分爲兩類：一類是單純詞，如：哭歷、瑟縮；一類是合成詞，如：器械、零落、千乘、黔首、真人。單純詞只含一個詞素，容易確定；複合詞包含兩個（或兩個以上）詞素，比較難確定。確定複合詞，我們主要根據詞義，並參考出現頻率以及同時代的其他文獻。

複合詞的詞義特點在於它的意義是統一的，它的意義不等於構成它的詞素意義的簡單的結合，而是或構成新義，或産生概括義，或具有特指義。例如：

千乘，《吕氏春秋》中，"千乘"不僅僅是"千輛兵車"，它還有其他意思。《不苟》："天下有不勝千乘者。"《慎勢》："以千乘令乎一家易。""千乘"指擁有兵車千輛實力的諸侯國。《觀世》："文王，千乘也；紂，天子也。"《不侵》："昭王，大王也；孟嘗君，千乘也。""千乘"指諸侯或諸侯國的執政大臣。具有"千輛兵車"義的"千乘"是詞組，具有"諸侯國，諸侯，大臣"義的"千乘"是複音詞。

左右，"左""右"本指方位。《吕氏春秋》中，"左右"指君主的近臣。《貴當》："其朝臣多賢，左右多忠。"《驕恣》："欲盡去其大臣而立其左右。"《長見》："王不應，出而謂左右曰。"具有"君主的近臣"義的"左右"是複音詞。

甽畝，"甽"爲田壟間的小水溝，"畝"爲田壟。《離俗》："居於甽畝之中，而游入於堯之門。""甽畝"連用不是指"壟溝和田壟"兩個並列的事物，而是表達一個更廣泛、更概括的意思，指"田野、鄉野"。考察《孟子》《荀子》《韓非子》諸書，"甽畝"（或"畎畝"）共出現8例，均連用，這表明"甽畝"

的結合是緊密的,"訓畝"是複音詞。

三王,《先己》:"三王先教而後殺,故事莫功焉。""三王"非泛指任意三個王,而是具有特定的含義,特指"禹、湯、文王(有時還包括武王)"。具有特指義的"三王",我們確定爲複音詞。

《呂氏春秋》複音詞分類列舉如下:

1. 單純詞。

　(1)聯緜詞:哭歷、瑟縮、倏忽。

　(2)象聲詞:熙熙、淒淒、鏘鏘、英英、匈匈、謐隘。

2. 複合詞。

　(1)複合式:

　　①聯合式:訓畝、社稷、呻吟、零落、少頃、身自。

　　②偏正式:千乘、黔首、布衣、寡人、不穀、五聲、四荒。

　　③述賓式:稽首。

　　④述補式:夢見、望見。

　　⑤主謂式:日中、日至。

　(2)附加式:烈然、抗然、蝸焉、有鳳。

　(3)重叠式:寥寥、渾渾。

五、本詞典對詞的用法描寫採用層次分析的方法,只描寫與該詞直接組合的結構層次,不牽涉整個句子的語法分析。因此,當我們描寫某個詞的用法,採用"作主語""作謂語""作述語"之類的術語時,不是指該詞在整個句子中的語法地位,而是指該詞在包含它的最小結構中的語法地位。例如:

《大樂》:"故惟得道之人,其可與言樂乎!"描寫這一例中"得"的用法,我們只考慮與"得"直接組合的結構層次,即"得道",只描寫"得"在"得道"中的語法地位。"得"的用法描寫爲"作述語,帶體詞性賓語"。

《恃君》:"凡人之性,爪牙不足以自守衛。"這一例中"牙"的用法描寫爲"構成聯合結構"。

《古樂》:"其音英英。"這一例中"音"的用法描寫爲"作中心語,受定語修飾"。

　　當動詞（或形容詞）前有修飾語、後有賓語或補語時，我們原則上把動詞（或形容詞）與其後的賓語或補語看作直接組合的層次，而把修飾語看作是上一層次中的成分。例如：

　　《任數》："七日不嘗粒。""嘗"的用法描寫爲"作述語，帶體詞性賓語"。

　　《贊能》："能令人主上至於王，下至於霸。""至"的用法描寫爲"作述語，帶補語"。

　　《呂氏春秋》句法結構類型列舉如下：1.主謂結構；2.述賓結構（包括介賓結構）；3.述補結構；4.偏正結構（包括定中結構、狀中結構）；5.聯合結構；6.連謂結構；7.所字結構；8.者字結構；9.數量結構；10.複合數詞。

詞　表

── 之　部 ──

幫母		婦官	3	定母		李欬	10	喻母	
		負	3			照母		飴	15
不[1]	1	佩	3	持	6			以[1]	15
不二	1	待	6	之[1]	10	以[2]	16
不死	1	明母		治	7	之[2]	11	以[3]	16
不肖	1	埋	3	息	7	之[3]	11	以[4]	17
不屈	2	霾	4	〔㕣〕	7	之[4]	12	以爲	17
不周	2	某	4	㕣煤	7	止	12	已[3]	17
不苟	2	〔煤〕	4	殆	7	〔阯〕	13	已[1]	17
不庭	2	〔禖〕	4	殆乎	8	阯	13	已[2]	17
不侵	2	謀	4	駘	8	志	13	已而	18
不辜	2	謀士	4	臺	8	志氣	13	以[5]	18
不廣	2	母	4	臺榭	8			以[6]	18
不穀	2	母猴	4			穿母		〔羑〕	18
不[2]	2	每	4	泥母		〔蚩〕	13	羑里	18
杯	2	畝	5	能	8	蚩尤	13		
否	2	〔梅〕	5	能意	8	蚩尤之旗	13	審母	
鄙	2	梅伯	5	乃[1]	8	齒	13	詩[1]	18
鄙人	2	敏	5	乃[2]	9	齒年	13	詩[2]	18
		晦	5	酒	9	饎	13	始	18
滂母		端母		來母		日母		禪母	
〔嚭〕	2	戴	5	里	9	耳[1]	13	侍	18
剖	2	戴任	5	里克	9	耳[2]	14	恃	18
		戴氏	5	理	9	〔珥〕	14	恃君	19
並母		徵[2]	5	鯉	9	餌	14	時[1]	19
罘	2	透母		貍	10	而[1]	14	〔蒔〕	19
〔棓〕	2	胎	5	來	10	而[2]	14	市	19
倍	3	胎夭	5	吏	10	而[3]	14	市丘	20
倍僑	3	笞	5	李	10	而[4]	14		
〔部〕	3	〔態〕	5	李子	10	而已	15	莊母	
培	3	態度	5	李克	10	鮞	15	淄	20
婦	3	恥	6	李言	10	臑	15	菑[1]	20
婦人	3			李悝	10				
婦女	3								

緇	20	子胥	24	載¹	27	箕¹	30	其⁴	35
〔錙〕	20	子貢	24	載民	28	箕²	30	期	35
錙錘	20	子夏	24	慈	28	箕子	30	期思	35
		子韋	24	慈石	28	箕山	31	期賢	35
牀母		子産	25			〔萁〕	31	旗	35
豺	20	子培	25	**心母**		萁年	31	〔麒〕	35
士	20	子常	25	枲	28	姬¹	31	麒麟	35
士民	21	子張	25	絲	28	姬²	31	〔忌〕	35
士卒	21	子路	25	思	28	龜	31	舊	35
士容	21	子陽	25	思慮	28	己¹	31	裘	35
士尉	21	子囊	25	司¹	28	己²	31		
士達	21	子女屬	25	司空	28	改	31	**疑母**	
士節	21	子列子	25	司服	28	紀	31		
士尹池	21	子華子	25	司馬	28	紀市	31	牛	35
仕	21	子墨子	25	司徒	28	記	31	牛缺	36
事	21	子州支父	25	司寇	28	久	32	疑¹	36
		宰	25	司農	28	疚	32	疑似	36
山母		宰²	25	司馬唐	29	怪	32	疑²	36
史	22	宰人	25	司馬喜	29				
史公	22	宰予	25	司城子罕	29	**溪母**		**曉母**	
史角	22	宰相	25	司馬子反	29	欺	32	〔熙〕	36
史定	22	宰揭	25	〔伺〕	29	欺詐	32	熙熙	36
史皇	22	宰讓	25	伺候	29	〔悝〕	32	〔釐〕	36
史起	22	災	25	司²	29	丘¹	32	釐夫人	36
史墨	22	菑²	25	笥	29	丘²	32	海	36
史默	22					丘蚓	32	海內	36
史鰌	22	再	26	**邪母**		丘陵	32	海外	36
史驎	22	再拜	26	似	29	丘墟	33	海隅	36
使¹	22	載²	26	似順	29	丘壟	33	悔	37
使²	23	載拜	26	〔姒〕	29	〔蚯〕	33	悔過	37
				耜	29	蚯蚓	33	晦	37
精母		**清母**		祀	29	〔企〕	33	誨	37
哉	23	采	26	祠	29	企足	33	喜	37
兹¹	23	採	26	嗣	30	杞	33	嘻	37
兹²	23	菜	26	嗣君	30	起	33	〔嬉〕	37
滋	23			辭	30	起買	33	譆	37
滋味	24	**從母**		辭令	30	恢	33	灰	37
滋泉	24	在¹	26	辭言	30	欯	33	賄	37
子¹	24	在²	26	辭讓	30			醯	37
子²	24	材	27			**羣母**			
子反	24	材木	27	**見母**				**匣母**	
子罕	24	財	27	〔其〕	30	其¹	33	矣	38
子虎	24	財物	27	其肱	30	其²	34	尤¹	38
子姓	24	裁	27	〔基〕	30	其³	34	郵²	38

詞表 15

郵[1]	38	右宰穀臣	39	有晻	41	宥[1]	41	亥	41
又	38	有[1]	39	有鳳	41	圅	41	孩	41
有[2]	39	有司	40	有侁氏	41	尤[2]	41	骸	41
有[3]	39	有閒	40	有娀氏	41	宥[2]	41	駭	42
友	39	有頃	41	有扈氏	41	痏	41		
右	39	有倕	41	洧	41	鮪	41	**影母**	
右主然	39	有扈	41	洧水	41	鮪水	41	醫	42

—— 支 部 ——

幫母		知交	45	枝[1]	47	訾[2]	49	懈墯	51
		知度	45	枝[2]	47	〔觜〕	49		
卑	43	知接	45	枝屬	47	觜嶲	49	**溪母**	
卑梁	43	知識	45	〔肢〕	47	毀	49	奎	51
卑賤	43	智	45	咫	47			谿	51
卑梁公	43	智氏	46	寘	47	**清母**		窺	51
		智伯	46			此	49		
並母		智國	46	**日母**		雌	49	**羣母**	
庳	43	智伯瑤	46	〔兒[1]〕	47			岐	51
庳廬	43			兒子	47	**從母**		岐山	51
埤	43	**定母**				疵訾	49	岐周	51
陴	43	遞	46	**審母**			50	歧	51
脾	43	簃	46	豕	47	**心母**		歧母	51
鞞	43	題	46			斯	50	歧踵戎	51
鼙	44	題湊	46	**禪母**		厮	50	祇	51
		啼	46	氏	47	徙	50		
明母				是[1]	47			**疑母**	
買	44	**來母**		是[2]	48	**見母**		崖	52
賣	44	〔蠡〕	46	時	48			〔兒[2]〕	52
弭	44	麗	46			圭	50	兒良	52
麛	44	麗山	46	**牀母**		卦	50	兒說	52
		麗姬	46	柴	48	珪	50	倪	52
端母		驪	46			桂	50	鯢	52
隄	44	驪土	47	**山母**		街	50		
隄防	44	驪姬	47	屣	48	雞	50	**曉母**	
〔鞮〕	44			躧	48	雞父	50	醯	52
知	44	**照母**				規	51		
知士	45	〔支〕	47	**精母**		觹	51	**匣母**	
知友	45	支屬	47	訾[1]	48	觹息	51	〔觿〕	52
知化	45	支體	47	訾	49				
知分	45	忮	47						

襦燕	52	〔巇〕	52	奚仲	52	〔螇〕	53	**影母**	
攜	52	巇谿	52	奚施	52	螇蚎	53		
兮	52	奚	52	奚齊	53	蹊	53	窒	53

── 魚 部 ──

幫母		釜	57	舞	60	**定母**		魯繆公	65
		哺	57	武³	60			魯隱公	65
布	54	捕	57	巫	60	途	62	櫓	65
布衣	54	〔榑〕	57	巫山	60	除	62	〔旅〕	65
父²	54	榑木	57	巫咸	60	〔荼〕	62	虜	65
斧	54	輔	57	巫彭	60	塗	62	廬	65
斧鑕	54	輔弼	57	巫馬期	60	塗山	63	〔盧〕	66
圃	54	蒲¹	57	巫馬旗	60	塗山氏	63	盧門	66
圃田	54	蒲²	57	誣	60	屠	63	盧蒲嫳	66
脯	55	蒲疏	57	誣徒	60	屠黍	63	壚	66
傅	55	夫²	57	馬	60	圖	63	呂¹	66
傅說	55	夫³	57	馬郡	60	圖法	63	呂²	66
補	55	夫風	57	〔嫫〕	60	〔杜〕	63	呂尚	66
餔	55	扶	58	嫫母	60	杜赫	63	呂望	66
〔黼〕	55	扶木	58	毋	60	徒	63	呂梁	66
黼黻	55	扶疏	58			徒步	64	呂太公望	66
巴	55	鳧	58	**端母**		徒屬	64	閭	66
把	55			都	61	紵	64	〔鹵〕	66
賦	55	**明母**		著¹	61	〔杼〕	64		
賦斂	55	武¹	58	睹	61			**照母**	
夫¹	55	武²	58	覩	61	**泥母**		者¹	66
夫人	56	武人	58	貯	61	女¹	64	者²	66
夫子	56	武夫	58			女子	64	渚	67
夫差	56	武王	58	**透母**		奴	64	諸¹	67
鈇	56	武侯	58			弩	64	諸²	67
膚	56	無¹	58	〔樗〕	61	弩機	64	諸侯	67
		無²	59	樗里相國	61	怒	64	諸御鞅	67
滂母		無³	59	土	61	鴽	65	赭	67
		無乃	59	土田	61			遮	67
敷	56	無有	59	土地	61	**來母**			
撫	56	無忌	59	土苴	62	魯	65	**穿母**	
普	56	無知	59	土英	62	魯昭	65	車	67
浦	56	無厚	59	吐	62	魯哀	65	車令	68
		無射	59	兔	62	魯哀公	65	車騎	68
並母		無義	59	兔絲	62	魯莊公	65	處	68
父¹	56	燕	60	菟	62	魯惠公	65	處女	68

詞表 17

處方	68	野人²	72	楚丘	76	素	79	孤竹	84
處所	68	野鄙	72	楚莊	76	素服	79	孤獨	84
日母		野虞	72	楚莊王	76	素樸	79	罛	84
		〔埜〕	72	**牀母**		**邪母**		假¹	84
女²	69	埜人	72					猳	85
汝	69	豫	73	助	76	徐	79	家	85
如¹	69	豫州	73	鋤	76	徐州	79	家氏	85
如²	69	豫讓	73	**山母**		徐弱	79	家室	85
如³	69	與⁶	73			〔緒〕	79	嫁	85
茹	69	〔冶〕	73	所¹	76	緒餘	79	稼	85
茹黃	69	**審母**		所²	76	邪¹	79	顧	85
駕	69			所鷟	77	邪辟	80	苢	86
喻母		庶	73	疏	77	序	80	苢敖公	86
		庶人	73	疏食	77	序意	80	鼓	86
余	69	庶乎	73	疏達	77	**見母**		瞽	86
余一人	69	庶民	73	疏遠	77			瞽叟	86
餘	69	庶孽	73	**精母**		舉	80	股	86
餘子	70	舍	73			舉難	81	寡	86
餘晷	70	〔奢〕	74	祖	77	古	81	寡人	86
餘糜	70	暑	74	罝	77	古樂	81	寡君	86
與¹	70	書¹	74	組	77	固¹	81	賈	87
與²	70	書²	74	駔	78	固²	81	賈人	87
與³	70	書社	74	〔苴〕	78	固疾	81	賈²	87
與⁴	71	鼠	74	**清母**		固然	82	**溪母**	
與⁵	71	黍	74			居	82		
〔璵〕	71	〔舒〕	75	且¹	78	居庸	82	枯	87
璵璠	71	紓	75	且²	78	居處	82	苦¹	87
歟	71	**禪母**		且³	78	姑	82	苦雨	87
興¹	71			疽	78	姑洗	82	苦菜	87
興鬼	71	曙	75	〔蛆〕	78	苦²	82	庫	88
興隸	71	社	75	寵	78	故¹	82	去	88
興謼	71	社稷	75	觕	78	故²	83	去尤	88
與²	71	**莊母**		**從母**		故人	83	去私	88
譽	71					故舊	83	去宥	88
舉	72	阻	75	沮	78	罟	83	呿	88
釁	72	俎	75	沮江	78	〔倨〕	83	胠	88
邪²	72	葅	75	沮麋	79	据	83	袪	88
〔鄒〕	72	櫨	75	**心母**		辜	84	夸	88
耶	72	**初母**				踞	84	夸父	88
予¹	72			〔蘇〕	79	矩	84	剮	88
予²	72	初	75	蘇秦	79	據	84	袴	88
野	72	楚¹	75	胥	79	篡	84	墟	88
野人¹	72	楚²	75	胥渠	79	瓜	84	〔蝸〕	88
				胥童	79	孤	84		
				胥靡	79				

蝸焉	88	五色	91	酐	93	〔湖〕	95	夏至	100
羣母		五伯	91	吳	93	于¹	95	夏屋	100
		五采	91	吳干	94	于²	95	夏海	100
巨	89	五祀	91	吳起	94	于³	95	夏書	100
巨風	89	五味	91	娛	94	宇	95	夏桀	100
巨橋	89	五音	91	虞²	94	宇宙	96	夏鮌	100
拒	89	五帝	91			盂	96	夏醫	100
距²	89	五員	91	**曉母**		竽	96	夏籥	100
秬	89	五常	91	華¹	94	雩	96	夏后氏	100
渠	89	五鹿	92	〔譁〕	94	弧	96	夏后相	100
距¹	89	五湖	92	虛¹	94	狐	96	夏后啓	100
鉅	89	五藏	92	虛²	94	狐父	96	夏徵舒	100
鉅子	89	五種	92	虛無	94	狐援	96	羽¹	100
鉅鹿	89	五穀	92	虎¹	94	狐狸	96	羽²	100
遽	89	五聲	92	虎²	94	瓠	96	羽人	100
〔蘧〕	89	五大夫	92	虎賁	94	乎¹	96	羽山	100
蘧伯玉	89	〔伍〕	92	呼	94	乎²	97	羽翼	100
懼	89	伍員	92	許¹	95	壺	97	禹	100
衢	90	伍子胥	92	許²	95	壺丘子林	97	**影母**	
疑母		吾	92	許由	95	〔瑕〕	97		
		吾子	92	許犯	95	瑕璃	97	汙	100
魚	90	吾丘鴻	92	許鄙	95	暇	97	污	101
漁	90	悟	92	許綰	95	雨	97	扝	101
漁師	90	梧	92	許諾	95	雨水	98	迂	101
虞¹	90	梧樹	92			戶	98	烏¹	101
虞人	90	敔	92	**匣母**		〔扈〕	98	烏²	101
虞公	90	語	93	華²	95	下	98	烏獲	101
虞姁	90	痞	93	〔華³〕	95	下民	99	〔嗚〕	101
牙	90	圄	93	華山	95	下臣	99	嗚呼	101
〔芽〕	90	圄人	93	〔怙〕	95	下吏	99	惡²	101
訝	90	御	93	怙恃	95	下風	99	於¹	101
雅	91	御庶子鞅	93	胡¹	95	下賢	99	於²	101
〔圉〕	91	禦	93	胡²	95	夏¹	99	於是	102
五	91	午	93	胡曹	95	夏²	99	於³	102

---- **侯　部** ----

幫母		俯	103	**並母**		腐	103	**端母**	
		俛	103			鮒	104		
府¹	103	**滂母**		垺	103			郖	104
〔府²〕	103			附	103	**明母**		〔蛛〕	104
府種	103	柎	103	符	103	侮	104	蛛蝥	104

誅	104	主	107	豎子	110	鬏	113	禺彊	116
誅伐	104	主人	107	豎刀	110	見母		〔偶〕	116
鬪	104	主君	107	豎陽穀	110	句	113	隅	116
鬪爭	105	主祠	107	樹	110	句芒	113	遇	116
鬪星	105	主書	107	樹木	110	句注	113	遇合[1]	116
〔兜〕	105	注	107	莊母		句踐	113	遇合[2]	116
斗[1]	105	投	107	鄒	110	拘	113	愚	116
斗[2]	105	穿母		騶	110	狗	113	耦	117
晝	105	樞	108	初母		苟[1]	113	耦沙	117
晝日	105	日母		芻	110	苟[2]	114	耦耕	117
透母		儒	108	芻豢	110	詢	114	曉母	
偷	105	濡	108	犙母		雛	114	〔姁〕	117
愉[2]	105	褥	108	雛	111	鉤	114	姁姁焉	117
逾[2]	105	乳	108	驟	111	駒	114	匣母	
定母		喻母		精母		屨	114	侯[1]	117
投	105	〔俞〕	108	陬	111	〔訽〕	114	侯[2]	117
投足	106	俞然	108	走	111	溝	114	候	117
投淵	106	〔渝〕	108	清母		溝洫	114	候雁	117
投伐褐	106	渝移	108	趨	111	溝壑	114	〔猴〕	117
豆	106	愉[1]	108	趨翔	111	〔媾〕	114	朕	117
頭	106	愉易	108	取[2]	111	俱	114	后	117
柱	106	愉愉	108	趣[2]	111	溪母		后土	117
柱國	106	喻	108	取[1]	112	〔區〕	114	后益	117
柱厲叔	106	逾[1]	108	取道	112	區區焉	114	后稷	117
廚	106	愈	108	娶	112	敺	115	〔邱〕	117
來母		踰[1]	109	趣[1]	112	驅	115	邱氏	117
婁	106	諭	109	〔湊〕	112	口	115	邱成子	117
僂	106	諭大	109	〔腠〕	112	扣	115	邱昭伯	117
螻	106	愉[3]	109	腠理	112	寇	115	後	117
螻蟈	106	踰[2]	109	從母		寇戎	115	後嗣	118
陋	106	〔臾〕	109	聚	112	羣母		後類	118
照母		諛	109	心母		朐	115	厚[2]	118
朱	106	審母		藪	113	〔蚼〕	115	厚[1]	118
朱方	107	輸	109	〔須〕	113	蚼蛆	115	影母	
朱天	107	戍	109	須臾	113	具	115	傴	119
朱鼇	107	禪母		須窺	113	具區	116	〔歐〕	119
朱襄氏	107	杸	109	疑母		具備	116	歐冶	119
珠	107	殳	109	〔禺〕	116			〔謳〕	119
		〔豎〕	110					謳歌	119

宵 部

幫母		趙盾	122	照母		召公虎	128	笑	130
髟	120	趙衰	122	招	125	紹	128	燥	130
表	120	趙盼	122	招搖	125	韶	128	臊	130
表掇	120	趙宣孟	122	昭	125	莊母		譟	130
滂母		趙惠王	122	昭王	125	爪	128	見母	
漂	120	趙襄子	122	昭公	126	淋母		教	130
飄	120	趙簡子	122	昭侯	126	巢	128	教導	131
飄風	120	朝²	122	昭陽	126	巢門	128	教道	131
明母		朝車	123	昭釐	126	精母		交	131
廟	120	朝廷	123	昭文君	126	躁	128	交友	131
廟堂	120	召¹	123	昭釐侯	126	焦¹	128	交阯	131
廟朝	121	召類	123	詔	126	〔譙〕	128	交相	131
苗	121	韶	123	照	126	清母		佼	131
苗民	121	兆	123	日母		操	128	姣	132
毛	121	兆民	123	繞	126	從母		狡	132
旄	121	逃	123	喻母		誚	128	郊	132
妙	121	桃	124	搖	126	〔譙〕	129	〔校〕	132
端母		桃林	124	搖山	126	譙訨	129	校師	132
朝¹	121	窕	124	搖水	126	心母		蛟	132
朝夕	121	旐	124	搖蕩	126	小	129	絞	132
刀	121	〔誂〕	124	遙	126	小人	129	高¹	132
到	121	誂越	124	〔瑤〕	126	小心	129	高²	133
倒	121	銚	124	謠	126	小民	129	高元	133
弔	122	盜	124	鰩	126	小白	129	高何	133
超母		泥母		審母		小臣	129	高宗	133
超	122	撓	124	燒	127	小暑	129	高泉	133
〔眺〕	122	橈	124	少	127	小臣稷	129	高庫	133
眺望	122	腦	124	少頃	127	小帷子	129	高唐	133
〔饒〕	122	來母		少選	127	〔肖〕	130	高梁	133
饒餕	122	〔僚〕	124	少皞	127	消	130	高赦	133
定母		潦	124	禪母		消釋	130	高禖	133
趙	122	橑	124	〔召²〕	127	〔逍〕	130	高義	133
趙氏	122	燎	125	召公	127	逍遙	130	高彊	133
趙括	122	〔遼〕	125	召忽	128	宵	130	高陽應	133
		遼水	125	召南	128			膏	133
		勞	125					縞	133
								縞素	133

藥	133	〔犒〕	134	警	135	號	136	**影母**	
矯	133	犒勞	134	驚	135	號令	136		
驕	134	趫	134			號呼	136	〔宎〕	136
驕恣¹	134	虓	134	**曉母**		〔鴞〕	136	宎宎	136
驕恣²	134			曉	135	鴞子	136	要	136
驕倨	134	**羣母**		嚻	135	豪	136	要塞	137
梟	134	〔喬〕	134			豪桀	136	要裹	137
羔	134	橋¹	135	**匣母**		亳	136	要離	137
				殽	135	〔顥〕	136	夭	137
溪母		**疑母**		效	135	顥天	136	妖	137
境	134	堯	135	効	135	〔昊〕	136	妖孽	137
槁	134	傲	135	郜	135	昊天	136	徼¹	137
槁²	134	慠	135	鎬	135			〔徼²〕	137

幽 部

幫母		**並母**		貿	140	鳥	142	蹈	143
				繆³	140	鳥谷	142	疇	143
缶	138	浮	139	牟	141	〔島〕	142	紂	143
鴇	138	浮游	139	矛	141	肘	142	酎	143
寶	138	〔烰〕	139	茅	141	疛	142	陶¹	143
〔苞〕	138	烰人	139	務	141			陶²	144
苞裹	138	桴	140	務大	141	**透母**		陶狐	144
飽	138	罦	140	務本	141			陶器	144
保	138	庖	140	務光	141	瘳	142	道¹	144
保介	138	庖丁	140	〔婺〕	141	抽	142	道²	144
保召公	138	庖人	140	婺女	141	螽	142	道術	144
葆²	138	庖厨	140	霧	141	〔滔〕	142	道路	145
葆申	139	抱	140	〔鶩〕	141	滔風	142	道德	145
葆¹	139	枹	140	螯	141	滔蕩	142	導	145
〔裒〕	139	〔炮〕	140	〔督〕	141	〔慆〕	142		
裒繩	139	炮烙	140	戊	141	慆濫	142	**來母**	
〔緥〕	139	〔鮑〕	140	茂	141	討	143	柳	145
褒	139	鮑叔	140	冒	141			柳下季	145
褒姒	139	鮑叔牙	140	冒疾	142	**定母**		留	145
報	139	阜	140			條	143	騮	145
報更¹	139			**端母**		〔宙〕	143	〔劉〕	145
報更²	139	**明母**				胄	143	劉康公	145
				〔啁〕	142	調	143	〔雷〕	145
滂母		卯¹	140	啁噍	142	調均	143	聊	145
		卯²	140	雕	142	調和	143	流	145
俘	139	昴	140	禱	142	稻	143		

流亡	146	舟虞	148	守	152	〔鯳〕	156	〔赳〕	159
流沙	146	鑄¹	148	守衛	153	曹¹	156	赳赳	159
流行	146	鑄²	148	守疆	153	曹²	156	〔皋〕	160
流辟	146	帚	148	獸	153	曹翸	157	皋子	160
〔廖〕	146					曹共公	157	皋陶	160
寥寥	146	**穿母**		**禪母**		皁	157	厩	160
漻	146					造²	157		
〔廖〕	146	犨	148	酬	153	造父	157	**溪母**	
繆¹	146	臭	148	雠	153				
〔飂〕	146	醜	148	壽	153	**心母**		脪	160
飂風	146			壽木	154			巧	160
〔牢〕	146	**日母**		壽宮	154	修	157	巧佞	160
老	146	擾	149	壽陵	154	脩	157	考	160
老耽	147	擾亂	149	壽靡	154	〔叟〕	157	〔糗〕	160
老聃	147	柔	149	受	154	秀	157	糗糧	160
				受德	154	簫	157		
照母		**喻母**		授	154	繡	157	**羣母**	
		猶	149			羞	158	仇	160
州	147	猶且	149	**狱母**				仇讎	160
州里	147	猶若	150	愁¹	154	**邪母**		求	160
州侯	147	游	150			囚	158	求人	161
周¹	147	遊	150	**山母**		〔褏〕	158	觩	161
周²	147	由¹	150	〔搜〕	155			咎	161
周³	147	由²	150	獀	155	**見母**		咎犯	161
周公	147	由³	151			救	158	臼	161
周南	147	由⁴	151	**精母**		九	158	〔凪〕	161
周書	147	由余	151	酒	155	九山	158	凪縣	161
周旋	147	柚	151	湫	155	九江	158		
周最	147	莠	151	湫然	155	九州	158	**曉母**	
周頗	147	誘	151	遭	155	九招	159		
周厲	147	牖	151	糟	155	九津	159	休	161
周箴	147	陶³	151	早	155	九野	159	休息	161
周公旦	147	繇¹	151	蚤	155	九卿	159	朽	162
周文王	147	繇²	151	棗	155	九陽	159	好	162
周武君	147			愁²	155	九塞	159	嗅	162
周昭王	147	**審母**				九嬪	159	孝	162
周威公	148	收	151	**清母**		九竅	159	孝己	162
周厲王	148	收斂	152	秋	156	九藪	159	孝行	162
周昭文君	148	收藏	152	秋駕	156	究	159	孝經	162
舟	148	首	152	草	156	軌	159		
舟人¹	148	首山	152	草中	156	鳩	159	**匣母**	
舟人²	148	首時	152	草莽	156	膠	159	〔皞〕	162
舟牧	148	首陽	152	造¹	156	膠鬲	159	皓	162
		手	152	〔酋〕	156	〔糾〕	159	鵠²	162

影母		幽²	163	幽州	163	憂	163	優施	163
		幽王	163	幽閒	163	憂患	163	耰	163
幽¹	163	幽天	163	幼	163	〔優〕	163		

微 部

幫母		定母		審母		鬼侯	172	疑母	
非	164	椎¹	167	水	170	愧	173	魏	175
悲	164	椎²	167	水泉	170	媿	173	魏氏	175
悲哀	165			水虞	170	瑰	173	魏桓	175
誹	165	泥母				幾	173	魏敬	175
誹謗	165	餒	167	禪母		幾何	173	魏義	175
飛	165			誰	170	璣	173	魏闕	175
飛兔	165	來母				機	173	魏文侯	175
飛揚	165	雷	168	初母		機	173	魏武侯	175
		雷澤	168	〔衰²〕	170	譏	173	魏昭王	175
滂母		累	168	衰絰	170	饑¹	173	魏惠王	175
妃	165	樏	168			乖	174	魏襄王	175
		壘	168	山母		詭	174	〔巍〕	175
並母		藟	168			庪²	174	巍巍乎	175
排	165	纍	168	衰¹	170			巍巍焉	175
肥	165	纍牛	168			溪母		危¹	175
〔蓜〕	166	紊	168	清母				危²	176
蓜履	166	耒	168	〔崔〕	171	魁¹	174	危厄	176
		耒耜	168	崔子	171	魁²	174	危殆	176
明母				崔氏	171	開	174		
		照母		崔杼	171	開春	174	曉母	
微¹	166	錐	169			開梧	174	火	176
微子啓	166			從母		豈	174	火赤烏	176
微子開	166	日母		皋	171	〔凱〕	174	〔虺〕	176
微²	166	〔蕤〕	169	罪	171	凱弟	174	諱	176
尾¹	166	蕤賓	169	罪人	171	愷	174	希	176
尾²	166			罪戾	171	愷悌	174	〔狶〕	176
枚	167	喻母						狶首	176
		唯¹	169	心母		羣母		睢	176
端母		唯²	169	〔睢〕	171			毀	176
追	167	惟¹	169	雖	171	跪	174	〔暉〕	177
		唯³	169	綏	172	祈	175	暉珥	177
透母						祈奚	175		
推	167	維	169	見母		蘄	175	匣母	
推移	167	遺	169			旂	175		
綈	167	遺老	170	歸	172	鬼	172	〔淮〕	177

淮水	177	懷	177	葦	178	依	179	委	180
帷	177	懷公	177	影母				依地德	179	委服	180
惟²	177	懷寵	178					哀	179	委質	180
回¹	177	壞	178	畏	178	哀公	179	萎	180
回²	177	〔韋〕	178	鄔	178	威	179	痿	180
迴	177	違	178	衣	178	威王	179	餧	180
槐	177	圍	178	衣服	179	威公	179	骫	180

—— 脂 部 ——

幫母		抵	183	指姑	185	禪母		次非	190
		〔胝〕	183	脂	186			妻	190
比¹	181	透母		坻	186	視¹	187	〔淒〕	190
比²	181			祇	186	視²	188	淒風	190
比干	181	涕	183	砥	186	嗜	188	淒淒	190
比周	181	〔梯〕	183	穿母		莊母		從母	
〔沘〕	181	薙	183			齋	188		
沘水	181	體	183	鴟	186	齋戒	188	茨	191
庇	181	定母		鴟夷	186	第	188	薋	191
粃	181			穿母		山母		齊¹	191
並母		夷³	183					齊²	191
		弟	184	示	186	師¹	188	齊民	191
牝	181	弟子	184	日母		師²	189	齊桓	191
陛	181	悌	184			師吏	189	齊莊	191
明母		遲	184	二	186	師保	189	齊宣王	191
		雉	184	貳	186	師涓	189	齊威王	191
米	181			爾	186	師旅	189	齊湣王	191
〔迷¹〕	182	泥母		喻母		師徒	189	齊桓公	191
迷惑	182					師曠	189	齊莊公	191
麋¹	182	〔尼〕	184	夷¹	187	精母		齊景公	191
美	182	來母		夷²	187			齊簡公	191
美唐	182			夷吾	187	恣	189	齊襄公	191
眉	183	履	184	夷則	187	恣睢	189	〔劑〕	191
媚	183	禮	184	夷昧	187	次²	189	劑貌辨	191
彌¹	183	禮貌	185	夷羿	187	咨	189	齊³	191
彌²	183	醴	185	夷儀	187	資	189		
彌子瑕	183	醴水	185	夷穢	187	濟	189	心母	
迷²	183	黎	185	姨	187	濟濟	190		
端母		黎丘部	185	審母		濟²	190	犀	191
		黎黑	185			姊	190	犀首	192
氐¹	183	藜	185	矢	187	清母		私	192
氐²	183	照母		尸	187				
低	183	指	185	死²	187	次¹	190		

死¹	192	見母		皆²	194	稽首	195	夔靖叔	195
死士	193			階	194	〔啓〕	195	影母	
璽	193	稽¹	193	癸	194	揆²	195		
細	193	稽留	193	冀	194	辜母		〔翳〕	195
細人	193	几	193	冀州	194			翳蔚	195
細民	193	肌	194	驥	194	〔祁〕	195	鷖	195
邪母		飢	194	笄	195	祁祁	195	〔伊〕	195
		饑²	194	溪母		祁黃羊	195	伊水	195
〔兕〕	193	皆¹	194			揆¹	195	伊尹	195
兖	193	偕	194	〔稽²〕	195	夔	195	伊闕	195

──── 歌 部 ────

幫母		縻²	197	來母		喻母		左人	204
		靡¹	198					左尹	204
波	196	靡曼	198	離¹	200	移	202	佐	204
彼	196	靡²	198	離水	200	也	202	佐疾	204
陂	196			離石	200	酏	203	嗟¹	205
詖	196	端母		離俗	200	審母		嗟²	205
〔播〕	196	多	198	離婁	200			嗟乎	205
滂母		多顙	198	離散	200	弛	203	挫	205
		透母		離謂	200	施³	203	清母	
破	196			羅	200	弛¹	203		
破斧	196	螭	198	儸	201	施¹	203	到	205
被²	196	他	198	離²	201	施²	203	從母	
頗	196	唾	199	倮	201	施舍	203		
並母		定母		裸	201	襌母		髊	205
				裸民	201			髊骨	205
皮	196	池	199	裸國	201	垂	203	坐	205
皮革	197	地	199	赢	201	垂棘	203	座	205
被¹	197	馳	199	騾	201	倕	203	痤	205
被瞻	197	馳騁	199			初母		心母	
罷¹	197	砸	199	穿母					
罷²	197	〔錘〕	200			差¹	203	〔莎〕	205
罷弊	197	憧	200	吹	201	差忒	204	莎隨	205
明母		墮	200	侈	201	〔差²〕	204	髓	205
		鼉	200	侈淫	201	山母		邪母	
麻	197	鱓	200	侈樂	201				
麻朝	197	泥母		侈靡	201	沙	204	隨¹	205
磨	197			神母		沙棠	204	隨²	205
〔糜〕	197	儺	200			精母		隨兕	206
糜草	197			蛇	201	左	204	隨會	206
				蚘	202	左右	204		

見母			209	儀	211	犧牲	212	爲²	216
				儀狄	211	化	212	爲³	216
		溪母		蟻	211	化益	213	爲⁴	216
歌	206			議¹	211	貨	213	謂²	216
寄	206	可	209	義²	211	賮	213	禾¹	216
〔奇¹〕	206	可以	209	倚	211	戲	213	和	216
奇肱	206	騎¹	209	倚詐	211			和子	217
加	206			爲⁵	211	**匣母**		和調	217
駕	207	**羣母**		宜	211			禾²	217
駕御	207	奇²	210	宜陽	212	何¹	213	穌	217
嘉	207	〔錡〕	210	宜適	212	何²	214	穌氏	217
嘉樹	207	騎	210	瓦	212	苛	214	禍	217
果	207			瓦礫	212	河	214		
果敢	207	**疑母**		卧	212	河內	214	**影母**	
果實	207					河水	214		
裹	207	我	210			河雍	214	阿	218
過	207	餓	210	**曉母**		荷	214	倚	218
過涯	208	義¹	210			賀	214	猗	218
戈	208	義蒔	211	〔羲〕	212	爲¹	214	〔渦〕	218
个	209	義賞	211	義和	212	爲欲	215	渦山	218
		議²	211	犧	212				

——— 職 部 ———

		備¹	220	默默	223	直	225	蝕	227
幫母		憊	221			直躬	225		
		背²	221	**端母**		直諫	225	**喻母**	
北	219	〔棘〕	221	置	223	特	225		
北戶	219	棘人	221	得	223	朕	225	弋	227
北方	219	服	221	得無	223			弋射	227
北郭子	219	備²	222	得當	224	**泥母**		杙	227
北郭騷	219	〔菩〕	222	德	224			異	227
北人無擇	219	踣	222	德行	224	匿¹	225	異用	228
背¹	219							異寶	228
偪	219	**明母**		**透母**		**來母**		翼¹	228
富	219							翼²	228
富貴	220	牧	222	忒	224	力	226	翼翼	228
福	220	牧野	222	飭¹	224	勒	226		
		麥	222	飭²	224			**審母**	
滂母		墨¹	222	飾	224	**照母**			
副¹	220	墨²	222	〔慝〕	225	職	226	識¹	228
副²	220	墨子	222	匿²	225	織	226	識²	228
		墨者	222			識	226	〔式〕	228
並母		墨翟	223	**定母**		驚	226	弒	228
伏	220	〔默〕	223	代¹	225			試	228
伏苓	220			代²	225	**神母**		軾	229
						食	226	飾¹	229
								飭³	229

禪母		櫻	231	殛	233	溪母		或²	236
埴	229	清母		棘	233			或³	236
植	229	〔脆〕	231	棘津	233	克	234	或者	236
植(華)〔蓳〕	229	從母		國¹	233	刻	234	域	236
殖	229			國²	233	羣母		惑	236
莊母		賊	231	國人	233			惑惑	236
側	229	賊星	231	國士	234	極¹	235	蟈	236
初母		心母		國邑	234	極言	235	械	236
測	230	塞	231	國家	234	極星	235	影母	
山母		息¹	232	〔蟈〕	234	曉母		意¹	236
嗇	230	息²	232	馘	234	黑	235	意²	237
色	230	熄	232	革	234	黑水	235	意者	237
精母		見母		革車	234	黑齒	235	意氣	237
則¹	230	亟	232	戒	234	匣母		億	237
則²	230	極²	233			或¹	235		

—— 錫　部 ——

幫母		端母		敵人	240	審母		續	244
辟¹	238	帝	239	來母		啻	242	迹	244
〔壁〕	238	帝堯	239			適¹	242	清母	
臂	238	帝舜	240	瓢	241	適宜	243	刺	244
璧	238	帝籍	240	厤	241	適音	243	刺竽	244
躄	238	帝嚳	240	歷	241	適威	243	從母	
滂母		帝顓頊	240	歷山	241	適然	243	膌	244
僻	238	帝籍田	240	曆	241	敵²	243	瘠	244
避²	238	適²	240	神母		莊母		漬	245
譬	238	〔璃〕	240	〔謚〕	241	責	243	心母	
辟²	239	透母		謚隘	241	初母		賜¹	245
並母		惕	240	喻母		策	243	賜²	245
辟³	239	惕然	240	溢	241	精母		錫	245
避¹	239	惕懼	240	鎰	241	積	243	析	245
闢	239	定母		易¹	241	積水	244	見母	
明母		狄	240	易²	242	積石	244	解¹	245
幎	239	狄鞮	240	易牙	242	積金	244	係	245
脈	239	裼	240	役	242	積聚	244	繼	245
		敵¹	240	疫	242			繼嗣	246

鵙	246	蠲	246	解墮	246		影母		益²	247
〔鬲〕				解狐	246				〔厄〕	247
隔	246		匣母	繫	246	益¹		246	阨	247
擊	246	解²	246	畫	246	嗌		247		

── 鐸 部 ──

	幫母		白民	250	櫜	253	跖²	255	澤²	258
			白徒	250	託	253	炙²	255	赦¹	258
百	248	白梃	251		定母		蹠	255	赦²	258
百姓	248	白公勝	251					穿母		禪母	
百越	248	帛	251	澤¹	253				石	258
百里氏	248	亳	251	擇¹	253	尺	255	石乞	259
百里奚	248	縛	251	鐸¹	253	赤	256	石耳	259
伯	248	薄¹	251	鐸²	253	赤子	256	石社	259
伯牙	248	薄²	251	宅	254	赤木	256	石圃	259
伯夷	248	薄疑	251	度	254	赤水	256	石渚	259
伯招	248		明母		著³	254	赤糞	256	石梁	259
伯益	248					泥母		赤章蔓枝	256	石戶	259
伯陽	248	貊	251				〔斥〕		256		莊母	
伯禽	248	莫¹	251	諾	254	斥鹵	256			
伯樂	249	莫²	252		來母			神母		斯	259
伯夷父	249	莫邪	252							詐	259
伯成子高	249	莫莫	252	〔洛〕	254	射¹	256	詐偽	259
柏	249	〔募〕	252	〔烙〕	254		日母			山母	
柏舉	249	募水	252	落	254					
迫	249	〔嘆〕	252	路	254	若¹	256	朔	259
碧	249	嘆然	252	路石	255	若²	257	朔日	259
博	249	〔寞〕	252	路說	255	若³	257		精母	
博志	249	幕	252	潞	255	若水	257			
搏	249	墓	252	賂	255		喻母		作	259
霸	249	暮	252	輅	255				作為	260
	滂母		慕	252	露	255	譯	257		清母	
魄	250	〔鎄〕	252	〔雒〕	255	亦	257			
	並母		鎄鋣	252	駱	255	夜	258	措	260
				端母		輅	255	夜日	258	錯²	260
步	250	妬	252	掠	255	夜半	258	鵲	260
白	250	蠹	252		照母		〔射²〕	258		從母	
白刃	250	磔	252								
白山	250	著²	252	炙¹	255		審母		藉	260
白公	250		透母		柘	255	釋	258	籍	260
白圭	250	坼	253	跖¹	255	擇²	258	阼	261

詞表　29

〔昨〕	261	昔²	262	戟	262	卻	264	〔赫〕 264
昨日	261	席	262	攫	263	〔郤〕	264	
胙	261	〔榭〕	262	獲¹	263	郤子虎	264	**匣母**
〔笮〕	261	謝	262	獲²	263	郤	264	獲¹ 264
心母		謝子	262	虢	263	郤至	264	獲得 264
		謝病	262	虢公鼓	263	郤宛	264	穫 264
索	261	**見母**		虢公長父	263	郤錡	264	獲² 265
索盧參	261			**溪母**		郤雔	264	〔護〕 265
愬	261	各	262			擴	264	鑊 265
愬愬	261	格	262	隙	263	**疑母**		涸 265
昔¹	261	骼	262	客	263			**影母**
惜	261	郭	262	〔喀〕	263	逆	264	堊 265
邪母		郭偃	262	喀喀然	263	**曉母**		惡¹ 265
		梆	262	鞫	263			
夕	261	脚	262	却	263	〔壑〕	264	惡來 266

———— 屋部 ————

幫母		**定母**		**穿母**		**山母**		穀¹ 275
卜	267	濁	268	觸	271	數¹	272	穀² 275
卜子夏	267	獨	269	觸子	271	**精母**		穀林 275
剝	267	躅	269	**日母**				穀 276
〔濮〕	267	斸	269			奏	273	角¹ 276
滂母		漬	269	辱	271	鏃	273	角² 276
樸	267	犢	269	溽	271	足	273	角³ 276
〔樸〕	267	牘	269	〔蓐〕	271	**清母**		掬 276
扑	267	竇	269	蓐收	271			**溪母**
赴	267	讀	269	**喻母**		數²	274	慼 276
並母		**泥母**				〔蔟〕	274	哭 276
僕	267	耨	269	浴	271	**從母**		哭歷 276
明母		**來母**		欲	271			曲 276
				〔裕〕	272	族	274	曲沃 276
木	267	鹿	270	慾	272	**心母**		**疑母**
木堇	268	鹿野	270	**審母**				玉 276
沐	268	鹿臺	270			速	274	玉人 276
沐浴	268	漉	270	束	272	粟	274	玉丹 277
端母		祿	270	束縛	272	**邪母**		獄 277
琢	268	綠	270	**禪母**		俗	275	獄訟 277
〔涿〕	268	綠耳	270			續	275	**曉母**
斸	268	**照母**		蜀	272	續耳	275	〔項〕 277
斸削	268			屬²	272	續經	275	**影母**
透母		燭	270	贖	272	續楠	275	屋 277
禿	268	屬¹	270	**莊母**		**見母**		幄 277
				捉	272	谷	275	握 277

沃部

幫母
豹 278
襮 278
並母
暴[1] 278
暴[2] 278
暴戾 278
暴虐 278
暴亂 278
暴慢 278
明母
貌 279
端母
〔卓〕 279
卓齒 279
釣 279
透母
糶 279
定母
悼 279
翟[1] 279
翟[2] 279
翟黄 279
翟璜 279
翟翦 279
糴 279
泥母
〔裹〕 279
淖 279
溺 279
來母
樂[1] 280
樂成 280
〔礫〕 280
〔轢〕 280
照母
酌 280
穛 280
穿母
〔綽〕 280
日母
弱[1] 280
弱[2] 281
喻母
藥 281
燿 281
耀 281
爚 281
籥 281
審母
爍 281
精母
雀 281
爵[2] 281
爵[1] 281
爵位 282
從母
鑿 282
爝 282
爝火 282
〔焦[2]〕 282
焦火 282
〔蕉〕 282
蕉火 282
心母
削 282
削迹 282
見母
激 282
〔蹻〕 282
蹻然 282
溪母
確 283
竅 283
毃 283
疑母
虐 283
〔瘧〕 283
瘧疾 283
樂[2] 283
樂正 283
樂羊 283
樂師 283
樂騰 283
樂正夔 283
樂正子春 283
匣母
鶴 283
影母
約 284
沃 284
沃民 284
沃衍 284

覺部

幫母
腹 285
腹蕼 285
滂母
覆 285
並母
復 285
愎 286
雹 286
明母
目 286
穆 286
〔繆[2]〕 286
繆公 286
端母
督 286
竹 286
竹帛 287
篤 287
築 287
透母
畜[2] 287
定母
〔毒〕 287
毒藥 287
逐 287
來母
六 287
六列 288
六合 288
六英 288
六軍 288
戮 288
僇 288
陸 288
稑 288
照母
柷 288
祝 289
祝融 289
粥 289
穿母
〔俶〕 289
俶詭 289
日母
肉 289
喻母
育 289
鬻 289
審母
〔叔〕 289

詞表 31

叔父	289	禪母		清母		肅	292	梏²	293
叔旦	289					見母		〔罃〕	293
叔虎	289	〔淑〕	290	戚	291			曉母	
叔逆	289	淑人	290	從母		覺	292		
叔敖	289	孰¹	290			菊	292	畜¹	293
叔帶	289	孰²	290	〔寂〕	291	〔鞠〕	292	畜積	293
叔虞	290	熟	290	寂寞	291	鞠衣	292	蓄	293
叔齊	290	山母		就	291	告	292	蓄積	293
叔嚮	290			就就	291	告愬	292	匣母	
叔孫氏	290	縮	291	心母		〔梏¹〕	292		
叔無孫	290	精母				窖	292	學	293
菽	290			宿¹	291	溪母		學士	294
〔倏〕	290	〔憱〕	291	宿²	292			學問	294
倏忽	290	憱然	291	夙	292	麴	292	學業	294
〔儵〕	290	竈	291	夙沙	292	酷	292	鵠¹	294
儵忽	290								

物 部

幫母		物色	296	內行	299	術³	302	捽	303
		物²	297	內史廖	299	日母		〔瘁〕	304
弗	295	沒	297	內史興	299			瘁攝	304
沸	295	沒人	297	內史向摰	299	芮	302	心母	
紼	295	墨³	297	來母		蚋	302		
費²	295	歾¹	297			喻母		碎	304
費無忌	295	未	297	律	299			粹	304
滂母		味	297	類	300	聿	302	祟	304
		〔昧〕	298	照母		〔僪〕	302	邪母	
拂	295	昧昧	298			山母			
費¹	295	端母		拙	300			遂	304
並母				穿母		帥	302	遂功	304
		〔咄〕	298			率	302	遂長	304
悖	296	對	298	出	300	〔蟀〕	303	遂草木	304
悖逆	296	絀	298	出亡	301	精母		〔隧〕	304
悖亂	296	透母		出公	301			見母	
誖	296			出走	301	卒¹	303		
〔艴〕	296	退	298	出奔	301	醉	303	屈²	304
艴然	296	退卻	298	出犇	301	清母		既¹	305
〔弸〕	296	定母		神母				既²	305
明母						卒²	303	既已	305
		突	298	〔述〕	301	卒然	303	既而	305
勿	296	突人	299	述蕩	301	翠	303	〔溉〕	305
勿躬	296	墜	299	秫	301	從母		溉汲	305
物¹	296	泥母		術¹	302			概	305
		內	299	術²	302	悴	303		

貴	305	橘	306	〔喟〕	307	曉母		潰	309
貴人	306			喟然	307			滑	309
貴公	306	溪母		喟焉	307	〔忽〕	308	滑馬	309
貴生	306	屈¹	306			汔	308		
貴因	306	屈³	306	羣母				影母	
貴卒	306	屈服	306	堀	307	匣母			
貴直	306	屈鷔	306	掘	307	位	308	鬱	309
貴信	306	詘¹	306	匱	308	齕	308	鬱閟	310
貴富	306	詘²	307	匱乏	308	胃¹	308	愛	310
貴當	306	乞	307	饋	308	胃²	308	愛士	310
骨	306	氣	307			渭	308	愛類	310
骨肉	306	〔慨〕	307	疑母		謂	308	尉	310
骨節	306	慨焉	307	〔毅〕	308	爲⁶	309	〔蔚〕	310

—— 質　部 ——

幫母		宓子賤	313	〔隸〕	314	日中	318	即²	320
		密	313	利	314	日至	318	即位	320
八	311	密須	313	苙	315	日長至	318	即墨	320
八音	311					日短至	318	節	320
八風	311	端母		照母		馹	318	節目	321
必	311	實¹	313	質²	315			節喪	321
必己	311	致	313	質³	315	喻母		節儉	321
閉	311	室	313	鑕	315				
彎	312	銍	313	至	315	逸	318	清母	
畢¹	312			至忠	316	失²	318		
畢²	312	透母		桎	316	佚¹	318	七	321
畢³	312	〔餮〕	313	桎梏	316	佚²	319	七星	321
罼	312	鐵	314	摯¹	316	肄	319	〔切〕	321
韠	312			摯²	316			切倚	321
		定母		〔贄〕	316	審母		漆	321
滂母		垤	314	鷙¹	316			漆樹	321
		絰	314	〔鶩〕	316	失¹	319	竊	321
匹	312	迭	314			室	319	竊曲	322
匹夫	312	秩	314	穿母		室屋	320		
匹偶	312	臷¹	314	叱	316	室家	320	從母	
		臷²	314						
並母				神母		山母		自¹	322
		來母						自知	322
鼻	312			實	316	瑟	320	自然	322
		栗	314	實是³	317	瑟縮	320	自²	322
明母		戾	314					疾	322
				日母		精母			
〔宓〕	313	蟄	314						
宓子	313			日	317	即¹	320	疾病	323

心母		四時	324	季	326	羣母		惠子	327
		四國	325	季子	326			惠王	327
悉	323	四極	325	季氏	326	洎	326	惠公	327
悉諸	323	四境	325	季冬	326			惠盎	327
〔蟋〕	323	四監	325	季成	326	疑母		惠子施	327
蟋蟀	323	四鄙	325	季春	326				
恤	323	四衞	325	季秋	326	羿	326	影母	
絜	323	四監大夫	325	季夏	326				
肆	323	泗	325	季孫	326	曉母		一	327
四	323			季平子	326			一臂	328
四方	324	邪母		季孫氏	326	血	326	乙	328
四內	324					血食	327	壹	328
四夷	324	穗	325	溪母		血氣	327	壹行	328
四枝	324					血脈	327	殪	328
四肢	324	見母		器	326	洫	327	饐	328
四面	324			器械	326			〔懿〕	328
四海	324	計	325	詰	326	匣母		懿公	328
四荒	324	吉	325	棄	326			抑	328
		桔	325	闋	326	頡	327		
		結	325			穴	327		
						惠	327		

―― 月　部 ――

幫母		伐	331	〔掇〕	333	太暤	334	大人[1]	336
		罰	331	輟	333	太廟	334	大人[2]	336
別[1]	329	敗	331	〔妲〕	333	太族	335	大夫	336
別類	329	敗績	332	妲己	333	太學	335	大王	336
拜	329	拔	332			太子申	335	大月	336
髮	329	〔敝〕	332	透母		太子建	335	大田	336
〔韍〕	329	敝凱諸	332			太子圉	335	大呂	336
發	329	幣	332	倪	333	太公望	335	大行	336
發揚	330	幣帛	332	太	334	太宰嚭	335	大豆	336
廢	330	弊	332	太一	334	太子申生	335	大汾	336
蔽	330	斃	332	太卜	334	太王亶父	335	大沙	336
鼈	330			太山	334	太史屠黍	335	大武	336
		明母		太子	334	太史令終古	335	大酋	336
滂母				太平	334			大昭	336
		末	332	太史	334		335	大陸	336
〔沛〕	330	末嬉	333	太行	334	大[2]	335	大夏	336
沛澤	330	滅	333	太牢	334	大史	335	大理	336
肺	330	滅亡	333	太府	334	大師文	335	大麥	336
袚	330	瞑	333	太室	334	獺	335	大章	336
袚箠	330	〔篾〕	333	太息	334	〔薑〕	335	大棘	336
〔嫛〕	331	袂	333	太尉	334			大雅	336
				太華	334	定母		大撓	337
並母		端母		太寢	334				
別[2]	331	帶	333			大[1]	335		

大樂	337	穿母		察傳	344	儠	347	艾²	350
大糞	337			察微	344	蹶¹	347	艾¹	351
大護	337	掣	340	察賢	344	蹶²	347	艾陵	351
大犧	337	神母		山母		蹙	347	月	351
大夫種	337					括	347	蓺¹	351
大司馬	337	〔舌〕	340	殺	344	夬	347	蓺	351
大成贄	337	日母		殺僇	344	抉	347	蓺²	351
大諫臣	337			殺戮	345	決	347	藝	351
達	337	熱	340	精母		決勝	348	醫	351
達子	337	喻母				決斷	348	轙	351
達鬱	337			祭¹	345	介	348	曉母	
(建)〔達〕帝功		說²	340	祭祀	345	介介	348		
	337	兌	340	際	345	介立	348	〔𤎼〕	351
滯	337	銳	341	穄	345	介子推	348	衛³	351
滯著	338	說³	341	最	345	疥	348	〔翮〕	351
奪	338	閱	341	清母		絜	348	匣母	
逮	338	曳	341			潔	348		
泥母		〔敘〕	341	蔡	345	潔白	348	曰	352
		敘智	341	蔡叔	345	蓋¹	348	〔彗〕	352
奈	338	審母		脆	345	蓋²	349	彗星	352
來母				脆弱	345	蓋³	349	〔篲〕	352
		稅	341	從母		猘	349	害	352
列	338	說¹	341			溪母		曷	352
列士	338	世	342	截	345			曷²	352
列禦寇	338	世世	342	絕	346	渴¹	349	褐	352
列精子高	338	世俗	342	心母		愒	349	〔鶡〕	353
烈	338	設	342			闊	349	鶡鴠	353
烈然	338	執	343	雪	346	快	349	會¹	353
裂	338	勢	343	薛	346	缺	349	會朝	353
埒	339	禪母		泄	346	闋²	349	衛¹	353
賴	339			洩	346	闋¹	349	衛²	353
籟	339	逝	343	渫	346	契	349	衛忌	353
厲¹	339	誓	343	歲	346	羣母		衛文公	353
厲²	339	筮	343	見母				衛莊公	353
厲王	339	噬	343			竭	349	衛嗣君	353
厲公	339	莊母		割	347	渴²	350	衛獻公	353
厲風	339			〔揭〕	347	桀	350	衛懿公	353
癘	339	〔祭²〕	343	〔葛〕	347	桀²	350	衛靈公	353
照母		祭公敦	343	葛藟	347	傑	350	活	353
		札	343	葛天氏	347	疑母		越¹	353
折	339	初母		〔會²〕	347			越²	353
制	340	察	343	會計	347	外	350	越越	353
制樂	340	察今	344	厥	347	刈	350	越駱	353

越王授	353	越³	354	影母		謁	354	頞	354
越石父	354	鉞	354			謁者	354	〔䄶〕	354
越王句踐	354	拍	354	遏	354	〔閼〕	354		

—— 緝 部 ——

端母		立夏	356	禪母		隰朋	358	及²	360
答	355	粒	356			襲	358	曉母	
縶	355	照母		十	357	見母		吸	360
定母		執	356	十全	357	給	359	匣母	
〔沓〕	355	執一	356	精母		蛤	359	合	360
蟄	355	執圭	356	楫	357	跲	359	〔洽〕	361
泥母		執固	356	從母		〔汲〕	359	影母	
納	355	汁	356	集	358	急	359	揖	361
來母		日母		雜¹	358	級	359	揖讓	361
立	355	入	356	邪母		溪母		邑	361
立冬	356	審母		習	358	泣	359	邑里	361
立春	356	溼	357	習俗	358	羣母			
立秋	356	濕	357	隰	358	及¹	359		

—— 盍 部 ——

幫母		涉²	363	初母		見母		鄴	366
法	362	來母		插	364	甲¹	365	曉母	
法令	362	獵¹	363	山母		甲²	365	脅	366
法式	362	獵²	363	嬖	364	夾	365	匣母	
法制	362	茘	363	翣	364	夾鐘	365	協	366
法室	362	照母		箑	364	莢	365	盍	366
法則	362	慴	363	精母		頰	365	闔¹	366
法律	362	喻母		接	364	劫	365	闔²	366
法程	362	葉¹	363	雜²	364	溪母		闔扇	366
並母		審母		清母		篋	365	闔閭	366
乏	362	〔葉²〕	363	妾	364	怯	366	闔廬	366
乏困	362	葉公	363	從母		疑母		影母	
乏絕	363	攝	363	捷	365	業	366	瘞	366
定母		禪母							
蹀	363	涉¹	364						

詞表 35

蒸 部

幫母		騰	368	神母		承雲	372	疑母	
崩	367	騰馬	368			精母		凝	373
冰	367	騰駒	368	乘	370	〔曾²〕	372	曉母	
並母		〔澄〕	368	乘雅	370	曾子	372	興	373
〔朋〕	367	澄子	368	澠	370	曾參	372	薨	373
朋友	367	〔鄧〕	368	繩	370	曾點	372	匣母	
馮	367	鄧析	368	繩墨	370	憎	372	〔弘〕	373
明母		來母		喻母		增	372	弘演	373
夢	367	凌	369	蠅	370	甑	372	宏	373
夢見	367	凌轢	369	媵	370	矰	372	雄	373
端母		陵	369	孕	370	從母		恒	373
徵¹	367	陵魚	369	審母		曾¹	372	熊	374
登¹	368	菱	369	升	370	見母		影母	
登²	368	照母		勝	370	〔肱〕	372	應	374
簦	368	拯	369	勝書	371	弓	372	應言	374
等	368	蒸	369	禪母		溪母		應侯	374
等級	368	證	369	〔丞〕	371	肯	373	應鐘	374
定母		穿母		丞輔	371			鷹	374
滕	368	稱	369	承	372			鷹隼	374

耕 部

幫母		平王	376	駢脅	376	鳴	378	聽從	380
并¹	375	平公	376	明母		鳴條	379	騁	380
屏¹	375	平府	376	命	376	鳴鳩	379	騁騖	380
并²	375	平阿	376	名	377	端母		定母	
滂母		平原	376	名號	378	丁	379	廷¹	380
聘	375	平原君	376	銘	378	丁氏	379	庭²	380
並母		萍	376	銘篆	378	貞	379	庭¹	380
		屏²	376	冥	378	鼎	379	庭實	381
並¹	375	〔并〕	376	冥陀	378	透母		廷²	381
竝	375	瓶	376	冥冥	378			挺	381
平	375	〔胼〕	376	瞑	378	聽	379	梃	381
		胼胝	376	螟	378	聽言	380	程	381
		駢	376						

霆	381	政	384	莊母		請	394	荊成	398
定	381	正²	384			從母		荊阮	398
鄭	381	証	384	爭	389			荊文王	398
鄭平	381	正³	384	爭鬭	389	〔淨〕	395	荊平王	398
鄭所	381	整	384	諍	389	崢	395	荊成王	399
鄭(裏)〔褎〕	381	整齊	384	山母		靜	395	荊昭王	399
鄭簡	381	喻母		生	390	靜郭君	395	荊威王	399
鄭文公	382	嬴	385	性²	391	情	395	荊莊王	399
泥母		盈	385	牲	391	情欲	395	荊龔王	399
寧	382	營	385	笙¹	391	靖¹	395	荊靈王	399
寧國	382	營丘	385	省	391	心母		溪母	
〔甯〕	382	營室	385	精母		姓	395	磬	399
甯速	382	郢	385	旌	391	性¹	396	〔聲〕	399
甯戚	382	〔潁〕	385	靖²	391	性命	396	聲欸	399
甯越	382	潁水	385	於	391	星	396	頃	399
甯殖	382	潁陽	385	菁	392	星辰	396	傾	399
甯喜	382	審母		精	392	〔猩〕	396	輕	399
佞	382	聖	385	精良	392	猩猩	396	曉母	
來母		聖人	385	精妙	392	腥	396	〔敻〕	400
令	382	聲	386	精神	392	醒	396	敻明	400
令支	383	聲王	386	精氣	392	省²	396	匣母	
令尹	383	聲氏	386	精通	393	見母		〔熒〕	400
令疵	383	聲問	386	精諭	393	到	396	熒惑	400
〔泠〕	383	禪母		井	393	勁	397	榮	400
泠風	383	成¹	386	井陘	393	徑	397	榮將	400
〔伶〕	383	成²	387	清母		經	397	榮澤	400
伶倫	383	成王	387	青	393	經紀	397	榮夷終	400
伶悝	383	成功	387	青丘	393	頸	397	〔陘〕	400
笭	383	成周	387	青州	393	敬	397	莖	400
〔零〕	383	成荊	387	青羌	393	敬天常	397	脛	400
零落	383	成湯	387	青魚	393	儆	398	刑¹	400
〔囹〕	383	成公賈	387	青陽	393	驚	398	形	401
囹圄	383	城	387	青幷	393	驚惶	398	形體	401
領	383	城父	388	青零	393	驚懼	398	刑²	401
靈	383	城郭	388	青鳥	393	耕	398	邢	401
靈公	383	城濮	388	青龍	393	耕耘	398	幸	401
靈臺	383	郕	388	清²	393	耕稼	398	影母	
照母		盛	388	清¹	393	扃	398	嬰	402
正¹	383	盛茂	389	清旦	394	荊¹	398	嬰兒	402
正名	384	盛昌	389	清廉	394	荊²	398	櫻	402
征	384	誠	389	清靜	394	荊平	398	瘦	402
		誠廉	389	清廟	394	荊州	398	〔頿〕	402
				蜻	394				

陽部

幫母		亡其	407	長大夫	411	〔茛〕	414	兩儀	417
秉	403	妄	407	張¹	411	茛弘	414	涼	417
方¹	403	忘	407	張²	412	堂	414	〔諒〕	417
方²	403	芒	407	張武	412	〔螳〕	415	諒闇	417
方城	403	芒芒	408	張魁	412	螳蜋	415	照母	
方將	404	𥌭	408	張毅	412	唐	415		
放	404	盲	408	張儀	412	唐尚	415	章	417
謗	404	望	408	張孟談	412	唐國	415	章子	417
兵	404	望見	408	張柳朔	412	唐鞅	415	章章	417
兵士	404	網	408	張³	412	唐篋	415	〔漳〕	417
兵戎	405	明	408	張⁴	412	唐叔虞	415	漳水	417
兵革	405	明堂	409	當¹	412	唐姑果	415	彰	417
丙¹	405	明理	409	當今	413	丈	415	獐	418
丙²	405	萌¹	409	當染	413	丈人	415	障	418
柄	405	萌牙	409	當務	413	丈夫	415	〔掌〕	418
滂母		萌芽	409	當賞	413	杖	415	掌書	418
		萌²	410	黨	413	泥母		穿母	
妨	405	盟	410	透母					
芳¹	405	亡²	410			〔囊〕	415	昌¹	418
紡	405	孟	410	湯¹	413	來母		昌²	418
烹	405	孟子	410	湯²	413			昌蒲	418
並母		孟冬	410	〔暢〕	413	量	415	昌國君	418
		孟卯	410	暢月	413	糧	416	菖	418
〔仿〕	405	孟門	410	定母		糧食	416	倡	418
仿佯	405	孟春	410			良	416	唱	418
防	405	孟秋	410	腸	413	良人	416	日母	
防禦	405	孟夏	410	蕩	413	狼	416		
房¹	405	孟賁	410	蕩兵	413	〔蜋〕	416	壤	418
房²	405	孟勝	410	蕩蕩	413	朗	416	壤土	418
房室	405	孟諸	410	長²	413	〔脼〕	416	壤壤	419
芳²	406	孟蘇	410	長大	414	脼然	416	攘	419
旁	406	孟嘗君	410	長久	414	梁¹	416	襄	419
並²	406	猛	410	長平	414	梁²	416	讓	419
病	406	〔莽〕	410	長攻	414	梁五	416	喻母	
〔彭〕	406	莽莽	410	長見	414	梁父	416		
彭祖	406	端母		長利	414	梁由靡	416	羊	419
彭蠡	406			長城	414	梁	417	羊腸	419
明母		長¹	410	長澤	414	兩	417	羊斟	419
		長者	411	長魚矯	414	兩棠	417	羊舌虎	419
亡¹	406							佯	419
								〔洋〕	419

詞	頁	詞	頁	詞	頁	詞	頁	詞	頁
洋洋然	419	尚儀	422	將[2]	427	潁	431	亢[2]	434
恙	419	常[1]	422	將軍	427	**邪母**		伉	434
揚[1]	419	常山	423	臧[1]	427			〔抗〕	434
揚[2]	419	常祥	423	藏[2]	427	祥	431	抗然	434
揚州	420	常之巫	423	葬	427	翔	431	康	434
揚島	420	裳	423	馴[1]	427	象[1]	431	康王	434
揚梁	420	嘗	423	**清母**		象[2]	431	糠	434
揚播	420	常[2]	423			象[3]	431	卿	434
陽	420	當[2]	423	〔鏘〕	427	橡	431	卿士	434
陽天	420	償	423	鏘鏘	427	**見母**		慶	434
陽山	420	上	423	倉	427			慶封	435
陽生	420	上天	425	倉廩	428	〔姜〕	431	**羣母**	
陽禹	420	上古	425	蒼	428	姜氏	431		
陽華	420	上地	425	蒼天	428	僵	431	彊	435
陽樸	420	上志	425	蒼庚	428	畺	431	彊大	435
陽城君	420	上帝	425	蒼狼	428	疆	431	狂	435
陽城胥渠	420	上計	425	蒼領	428	剛	432	競	435
〔楊〕	420	上卿	425	蒼頡	428	綱	432	強	436
楊子	420	上農	425	蒼璧	428	光	432	強大	436
楊門	420	上德	425	**從母**		廣[1]	432	**疑母**	
養	420	**莊母**				廣大	432		
養由基	421			牆	428	廣門	432	卬	436
審母		壯	425	牆垣	428	亢[1]	432	仰	436
		莊	425	臧[2]	428	庚	432	迎	436
商[1]	421	莊子	425	藏[1]	428	京	432	**曉母**	
商[2]	421	莊王	425	匠	429	京丘	432		
商[3]	421	莊公	425	匠人	429	〔景[2]〕	433	香	436
商[4]	421	莊伯	426	匠麗氏	429	景公	433	向	436
商文	421	莊蹻	426	**心母**		羹	433	向摯	436
商咄	421	**初母**				〔繩〕	433	荒	436
商容	421			喪	429	繩繩	433	詤	436
商旅	421	創	426	〔襄〕	429	更	433	享	436
商書	421	**牀母**		襄子	429	境	433	享祀	437
商箴	421			襄王	429	鏡	433	兄	437
傷	421	牀	426	襄公	429	**溪母**		況	437
〔湯[3]〕	422	狀	426	襄疵	429			況然	437
湯湯乎	422	**山母**		相	429	羌	433	鄉	437
殤	422			相國	430	匡[1]	433	鄉曲	437
觴	422	霜	426	相與	430	匡[2]	433	鄉里	437
賞	422	爽	426	想	430	匡章	434	曏	437
禪母		**精母**		桑	430	筐	434	嚮	438
				桑林	431	曠	434	響	438
尚	422	將[1]	426	桑間	431	廣[2]	434	饗	438

詞表

匣母		王季歷	439	〔鳳〕	439	橫	440	影母	
		王孫(雄)〔雒〕		蝗	439	橫行	441		
王	438		439	往	439	橫革	441	枉	442
王生	439	王孫滿	439	往昔	440	行	441	尪	443
王后	439	王子比干	439	黃¹	440	行步	442	央	443
王(冰)〔亥〕	439	王子城父	439	黃²	440	行陳	442	〔英〕	443
王良	439	王子慶忌	439	黃帝	440	行論	442	英英	443
王屋	439	王孫苟端	439	黃鍾	440	行人燭過	442	英韶	443
王菩	439	〔皇¹〕	439	黃鐘	440	衡¹	442	殃	443
王廖	439	皇天	439	黃藉秦	440	衡²	442	鞅	443
王錯	439	惶	439	璜¹	440	衡山	442	景¹	443
王子光	439	皇²	439	璜²	440	衡雍	442	影	443
王子搜	439								

——東 部——

幫母		蒙²	445	透母		桐	451	充盈	452
		端母				筒	451	充滿	452
封	444			〔統〕	446	週	451	衝	453
封建	444	東	445	統率	446	〔銅〕	451	日母	
封疆	444	東井	445	甬	447	銅鞮	451		
封人子高	444	東方	446	桶	447	來母		衲	453
邦	444	東夷	446	痛	447			喻母	
滂母		東周	446	痛心	447	龍	451		
		東帝	446	通	447	龍門	451	容	453
〔蠭〕	444	東宮	446	通谷	448	龍逢	451	容止	453
蠭門	444	東風	446	通達	448	龍逄	451	容成	453
蠭蒙	444	東海	446	定母		聾	451	容貌	453
並母		東野	446			聾	451	用¹	453
		東閭	446	童	448	照母		用²	454
〔蚌〕	444	東壁	446	重¹	448			用³	454
蚌蛤	444	東郭牙	446	重己	449	腫	451	用民	454
逢	445	東郭騫	446	重耳	449	種	451	用衆	454
〔逢〕	445	東野稷	446	重言	449	踵	452	勇	454
逢澤	445	東陽貧山	446	重黎	449	鍾	452	勇敢	454
蓬	445	凍	446	重²	449	鍾山	452	涌	454
〔龐〕	445	棟	446	動	449	鍾子期	452	庸	454
龐涓	445	〔董〕	446	動作	450	鐘¹	452	審母	
奉	445	董安于	446	同	450	鐘²	452		
明母		冢	446	〔洞〕	450	怂	452	舂	454
		冢宰	446	洞庭	450	穿母		禪母	
蒙¹	445	懜	446	恫	450				
矇	445			桐	451	充	452	慫	454

精母		訟	457	公輸般	459	講	461	曉母	
		誦	457	公子小白	459				
從[3]	455			公子夷吾	459	溪母		凶[1]	463
縱[1]	455	見母		公子重耳	459	孔	461	凶[2]	463
縱[2]	455			公子食我	459	孔子	461	〔匈〕	463
總	455	公	457	公子啟方	459	孔丘	461	匈匈	463
總章	455	公子	458	公子歸生	459	孔甲	461	〔恟〕	463
總萬物之極		公社	458	公孫無知	459	孔青	461	恟恟	463
	455	公叔	458	公子夏后啟	459	孔思	461	胸	463
朘	455	公家	458	工	459	孔穿	461	殈	463
		公上過	458	工人	459	孔伯產	461		
清母		公子卬	458	工女	459	空[1]	462	匣母	
〔悤〕	455	公子光	458	工師	459	空空	462	虹	463
悤悤	455	公子牟	458	功	459	空洛	462	鴻	463
聰	455	公子卓	458	功伐	460	空桑	462	鴻水	463
聰明	455	公子沓	458	功名	460	空虛	462	鴻範	463
		公子糾	458	功迹	460	空雒	462	鴻鵠	463
從母		公子起	458	功業	460	空[2]	462	巷	463
從[1]	455	公子連	458	功績	460	控	462	閧	464
從[2]	456	公子黚	458	江	460	恐	462	降[2]	464
從聽	456	公玉丹	458	江水	460	恐猲	462		
從屬	456	公叔痤	458	攻	460	恐懼	462	影母	
叢	456	公息忌	458	攻伐	460			雍	464
		公孫氏	458	攻擊	461	羣母		雍州	464
心母		公孫弘	458	貢	461	共[2]	462	雍季	464
送	456	公孫枝	458	共[1]	461	共伯	462	壅	464
送龍	457	公孫與	458	供	461	共首	462	壅塞[1]	464
聳	457	公孫竭	458	拱	461	共頭	462	壅塞[2]	464
		公孫鞅	458	恭	461	共工氏	462	壅隄	464
邪母		公孫綽	459	恭敬	461	共伯和	463	〔灉〕	464
松	457	公孫龍	459	〔龔〕	461	〔蛩〕	463	灉水	464
松下	457	公孫薑	459	龔王	461	蛩蛩距虛	463	甕	464
		公孫竈	459						

———— 冬 部 ————

滂母		中	465	中國	466	中行偃	466	仲	467
豐	465	中人	466	中謝	466	忠	466	仲父	467
鄷	465	中山	466	中蘹	466	忠貞	466	仲冬	467
		中央	466	中大夫	466	忠廉	467	仲尼	467
端母		中牟	466	中山尚	466	衷	467	仲呂	467
冬	465	中衍	466	中行氏	466			仲春	467
冬至	465	中容	466	中行寅	466	定母		仲虺	467
						蟲	467		

仲秋	467	衆	468	戎兵	469	宗廟	470	宮[1]	470
仲夏	467	衆人	468	**喻母**		**心母**		宮[2]	470
仲孫氏	467	衆庶	468					宮室	470
沖	467	終	469	融	469	宋	470	宮之奇	471
泥母		終日	469	**牀母**		宋康	470	躬	471
		終古	469			宋元王	470	降[1]	471
農	467	終身	469	〔崇〕	469	宋昭公	470	絳	471
農夫	468			崇侯	469	宋康王	470		
農民	468	**日母**		**精母**		宋景公	470	**羣母**	
來母		戎[1]	469			宋襄公	470	窮	471
隆	468	戎[2]	469	宗	469	〔娀〕	470	窮困	472
照母		戎夷	469	宗族	470	**見母**		窮奇	472

―― **文　部** ――

幫母		**並母**		汶	476	涒灘	479	淮	480
				門	476	吞	479	準	480
本	473	分[2]	475	門人	477	輴	479	**穿母**	
本味	473	分職	475	門戶	477	〔蓴〕	479		
本朝	473	〔汾〕	475	門者	477	**定母**		川	480
畚	473	忿	475	門閭	477			春[1]	481
畚五穀	473	盆	475	問	477	〔沌〕	479	春[2]	481
分[1]	473	貧	475	聞	477	沌沌	479	春子	481
分別	474	貧窮	475	靴	478	豚	479	春居	481
分野	474	貧賤	475	抿	478	〔盾〕	479	春秋	481
分裂	474	焚	475	唔	478	遁[1]	479	**神母**	
邠	474	墳	476	惛	478	珍	479		
頒	474	墳墓	476	殙	478	**來母**		屑	481
奔	474	**明母**		刎	478			順	481
奔走	474			歾[2]	478	倫	479	順民	481
〔犇〕	474	文[1]	476	肳	478	〔崙〕	479	順說	481
賁	474	文[2]	476	**端母**		論	479	**日母**	
賁服	474	文王	476			論人	480		
僨	474	文公	476	〔頓〕	478	論威	480	刃	481
糞	474	文侯	476	頓首	478	論議	480	仞	482
滂母		文章	476	敦	478	輪	480	忍	482
		文摯	476	敦洽雛糜	478	**照母**		牣	482
〔芬〕	475	文學	476	典	478			**喻母**	
芬香	475	文藝	476	**透母**		振	480		
氛	475	文之儀	476			振恤	480	允	482
〔紛〕	475	文信侯	476	〔涒〕	479	振振	480	**審母**	
紛紛	475	文無畏	476			振亂	480		
						震	480	舜	482

禪母		先生	485	軍	487	郡	489	雲旍	492
純	482	先軫	485	軍旅	487	羣	489	雲夢	492
純樸	482	先識	485	軍師	487	羣抵	490	〔耘〕	492
辰	482	〔洗〕	485	軍率	487	羣衆	490	魂	492
晨	482	西	485	君	487	近	490	〔員〕	492
晨露	482	西山	485	君子	488	近習	490	圓	492
蜃	482	西方	485	君王	488	芹	490	實	492
〔淳〕	482	西北	485	君守	488	僅	490	〔渾〕	492
淳于髡	482	西戎	485	董	488	覲	490	渾渾	492
淳淳	482	西伯	485	謹	488	勤	490	〔暈〕	492
山母		西河	485	謹聽	488	勤勞	490	暈珥	492
		西南	486	昆	488	墐	491	運	492
〔佚〕	482	西海	486	昆吾	488	疑母		恨	492
精母		西翟	486	〔崑〕	488			影母	
		西門豹	486	崑山	488	眼	491		
尊	483	損	486	崑崙	488	曉母		殷	492
尊師	483	孫¹	486	鄞	488			殷紂	493
樽	483	孫²	486	根	488	釁	491	殷殷	493
遵	483	孫明	486	筋	489	熏	491	殷商	493
儁	483	孫撲	486	鮌	489	熏風	491	殷湯	493
駿	483	孫臏	486			〔勳〕	491	殷整甲	493
駿馬	483	孫林父	486	溪母		欣	491	溫¹	493
清母		孫叔敖	486	〔困〕	489	訓	491	溫²	493
		遜	486	困倉	489	昏	491	溫伯雪子	493
寸	483	邪母		困	489	昏婚	491	慍	493
從母				困窮	489	婚	491	埋	493
		巡	486	捆	489	匣母		洇	493
存	483	巡行	486	墾	489			煙	493
心母		循	486	懇	489	云	491	煙視	493
		循行	487	髡	489	云云然	491	〔裡〕	493
隼	484	遁²	487			扢	491	隱	493
先	484	見母		羣母		芸	492	隱匿	493
先人	485					雲	492	隱蔽	493
先己	485	斤	487	菌	489	雲梯	492	慇	493

—— 真 部 ——

幫母		賓星	495	濱	495	滂母		〔篇〕	496
		賓客	495	鬢	495			篇笲	496
賓	495	賓萌	495	徧	495	偏	495	並母	
賓阼	495	賓爵	495	褊	495	偏伯	495		
賓者	495	賓卑聚	495	編	495	偏枯	496	蘋	496

〔臍〕	496	田駢	499	神母		申侯伯	505	清母		
		田獵	499			申公子培	505			
明母		田疇	499	神	501	伸	505	千	508	
民	496	田縶	499	神倉	502	信²	505	千乘	508	
民人	496	田贅	499	神農	502	〔呻〕	505	千鐘	509	
民虞	496	田子方	499	神農氏	502	呻吟	505	親	509	
〔泯〕	496	田不禋	499	日母		身¹	505	親自	509	
泯泯	496	田成子	499			身自	505	親戚	509	
〔湣〕	496	田襄子	499	人¹	502	身體	505	從母		
湣王	496	畋	499	人子	503	瞋	505			
揗	496	陳¹	499	人正	503			秦	509	
		陳²	500	人民	503	禪母		秦牙	509	
端母		陳年	500	人主	503			秦周	509	
珍	496	陳悲	500	人臣	503	臣	506	秦襄	509	
〔鎮〕	497	陳駢	500	人君	503	臣下	506	秦孝公	509	
鎮撫	497	陳靈	500	人倫	503	腎	506	秦昭王	509	
顛	497	陳成常	500	人徒	503	慎	507	秦惠王	509	
顛倒	497	陳無宇	500	人親	503	慎人	507	秦穆公	509	
顛蹶	497	電	500	人類	503	慎大	507	秦繆公	509	
		填	500	仁	503	慎小	507	盡¹	510	
透母		塵	500	仁慈	504	慎子	507	盡數	510	
天	497			仁愛	504	慎行	507			
天干	497	泥母		人²	504	慎勢	507	心母		
天下	497	年	500	潤	504	慎謹	507	辛¹	510	
天子	498							辛²	510	
天年	498	來母		喻母		山母		辛寬	510	
天竹	498	憐	500	〔尹〕	504	莘	507	辛餘靡	510	
天宗	498	鄰	501	尹文	504			信¹	510	
天英	498	〔驎〕	501	尹儒	504	精母		〔荀〕	511	
天梧	498	鱗	501	尹鐸	504	晉	507	荀息	511	
天翟	498	鱗施	501	引	504	晉文	507	新	511	
天衡	498	〔麟〕	501	〔蚓〕	504	晉陽	507	新城	511	
天機	498	蘭	501	靷	504	晉厲	507	新婦	511	
				〔寅〕	504	晉文公	507	薪	511	
定母		照母		嚬	504	晉平公	507	薪燎	511	
田¹	498	軫	501			晉惠公	507			
田²	499	真	501	審母		晉襄公	507	邪母		
田邑	499	真人	501	申¹	505	晉獻公	507	旬	511	
田野	499	真窾	501	申²	505	晉靈公	507	徇¹	512	
田詘	499	積	501	申子	505	暗	507	徇²	512	
田單	499			申向	505	揗	507	徇	512	
田鼠	499	穿母		申喜	505	進	507	盡²	512	
田鳩	499	瞋	501	申不害	505	〔津〕	508			

詞表 45

見母		矜尚	513	玄山	514	泫	515	因²	515
堅	512	溪母		玄天	514	弦	515	因³	515
堅白	512	牽	513	玄木	514	弦高	515	因而	516
堅固	512	牽牛	513	玄妙	514	弦章	515	咽	516
均	512	匣母		玄明	514	弦歌	515	恩	516
袀	512	賢	513	玄冥	514	絃	515	〔嫣〕	516
鈞	513	賢良	514	玄堂	514	影母		嫣媾	516
鈞天	513	玄	514	玄鳥	514			淵	516
矜	513			玄尊	515	因¹	515	淵深	516

—— 元 部 ——

幫母		頨	519	面目	522	丹山	524	搏¹	527
		辨¹	519	〔湎〕	522	丹水	524	專²	527
班	517	辨²	520	〔曼〕	522	丹書	524	誕	527
半	517	辯¹	520	漫	522	丹粟	524	驙	527
半夏	517	辯論	520	慢	522	旦	524	〔段〕	527
反	517	辯議	520	蔓	522	〔鴠〕	525	段喬	527
反舌	518	辯²	520	滿	522	憚	525	段干木	527
反走	518	辯土	520	〔楠〕	522	殫	525	殿	527
返	518	辨³	520	免¹	522	單²	525	壇	527
版	518	辨說	520	勉	523	禪	525	袒	527
畚	518	燔	520	免²	523	〔鄲〕	525	〔篆〕	527
〔般〕	518	〔播〕	520	俛	523	展	525		
鞭	518	蕃¹	520	晚	523	〔亶〕	525	泥母	
邊	518	蕃²	520	冕	523	亶父	525	暖	527
邊境	518	轓	521	鞔	523	勤	525	煖	527
變	518	繁	521	〔蠻〕	523	鱣	525	煩	527
變天	518	繁弱	521	蠻氏	523	短	525	難	528
變化	519	阪	521	蠻夷	523	端	525		
變更	519	叛	521	萬¹	523	斷²	526	來母	
辨⁴	519	飯	521	萬²	523			卵	528
		畔	521	萬夫	524	透母		輦	528
滂母		弁	521	萬民	524	炭	526	連	528
幡	519	〔卞〕	521	萬物	524	歎	526	連尹	528
〔潘〕	519	卞隨	521	萬乘	524	〔灘〕	526	連隄	528
潘子臣	519	抃	521	萬歲	524			連尹奢	528
拌	519	槃	521			定母		柬	528
		盤	521	端母		斷¹	526	爛	529
並母		盤庚	521	丹¹	524	彈	526	亂	529
便	519	明母		丹²	524	憚	526	欒	529
煩	519	面	522	丹³	524	傳	526	〔欒〕	529

欒盈 529
欒書 529
鸞 529
鸞徼 529
脟 529

照母

戰 529
戰鬬 530
專[1] 530
專一 530
專諸 530
摶[2] 530
鱄 530
旃 530
諯 530
〔顓〕 531
顓頊 531
〔顫〕 531
顫恐 531

穿母

穿 531
闡 531

神母

船 531
船人 531

日母

然[1] 531
然[2] 531
然[3] 531

喻母

延[1] 532
延[2] 532
延陵季子 532
綖 532
筵 532
〔衍〕 532
〔兗〕 532
兗州 532
〔演〕 532
緣[1] 532
緣[2] 532

審母

扇 532
羶 533

禪母

〔單〕[1] 533
單父 533
單豹 533
禪 533
蟬 533
善 533
善綣 534
膳 534
繕 534
擅 534

初母

剗 534
篡 534

山母

山 534
山谷 534
山陵 534
產 535
孿 535

精母

煎 535
翦 535
箭 535
贊[1] 535
贊[2] 535
贊君 535
贊能 535
〔鑽〕 535
鑽茶 535
薦 535

清母

竄 535
〔粲〕 535
粲然 535
餐 536
淺 536
遷 536
遷徙 536
爨 536

從母

全 536
泉 536
殘 536
踐 537
賤 537
錢 537
前 537
攢 537

心母

宣 538
宣子 538
宣王 538
宣孟 538
和[2] 538
選 538
選間 538
散 538
散解 538
散宜生 538
霰 538
癬 538
酸 538

邪母

旋 538
琁 539
還[2] 539
還走 539

見母

見[1] 539
見[3] 539
姦 539
姦邪 540
姦詐 540
繭 540
繭氏 540
練 540
干 540
干辛 540
干城 540
干將 540
干遂 540
干隧 540
肝 540
幹 540
乾[1] 541
乾侯 541
乾谿 541
冠 541
關[1] 541
關尹 541
關内侯 541
關尹子 541
關龍逢 541
官 541
官長 542
官實 542
官職 542
官大夫 542
棺 542
管[1] 542
管[2] 542
管子 543
管仲 543
管青 543
管叔 543
管夷吾 543
館 543
閒[1] 543
閒隙 543
簡[1] 543
簡[2] 543
簡子 543
簡公 543
簡慢 543
簡選[1] 543
簡選[2] 543
〔涓〕 543
涓人 543
諫 543
肩 544
狷 544
貫 544
〔雚[1]〕 544
雚水 544
灌 544
〔爟〕 544
爟火 544
觀 544
觀世 545
觀表 545
棬[2] 545
甽 545
甽畝 545
蹇 545
蹇叔 545
建[1] 545
建[2] 545
建木 545
建星 545
建封 545

溪母

犬 545
犬戎 545
寬[1] 545
寬裕 545
寬[2] 545
勸 545
勸學 546
〔棬〕 546
棬棬 546
蚈 546
款 546
遣 546
褰 546

詞表 47

羣母		諺	548	顯然	550	緩	553	安[3]	556
		顏	548	顯榮	550	扞	553	安平	556
〔乾[2]〕	546	顏色	549	**匣母**		旱[1]	553	安死	556
乾乾	546	顏回	549			悍	553	安邑	556
〔虔〕	546	顏淵	549	丸	551	旱[2]	554	安寧	556
權	546	顏闔	549	宦	551	完[1]	554	安樂	556
權勳	546	顏涿聚	549	〔間[2]〕	551	完[2]	554	按	556
倦	546	研	549	〔閑〕	551	完子	554	案	557
拳	546			閑習	551	患	554	晏	557
錈	546	**曉母**		閑雅	551	〔蘄〕	554	晏子	557
楗	546			縣	551	蘄夷	554	鷃	557
		〔誼〕	549	縣子石	551	〔豢〕	554	〔綰〕	557
疑母		誼譁	549	見[2]	551	寒	554	關[2]	557
		〔罕〕	549	現	551	寒哀	555	〔宛〕	557
元	547	軒	549	〔莧〕	551	寒風	555	宛春	557
元王	547	漢	549	莧譆	551	寒蟬	555	宛路	557
元公	547	獻	549	園	551	寒風是	555	琬	557
玩	547	獻公	549	遠	552	韓	555	怨	557
玩好	547	涣	549	圜	552	韓氏	555	怨尤	557
阮	547	懽	549	圜道	552	韓原	555	苑	557
頑	547	懽樂	549	環	552	韓康	555	焉[1]	557
黿	547	歡	549	繯	552	韓昭侯	555	焉[2]	558
原[1]	547	歡欣	550	還[1]	552	韓昭釐侯	555	焉[3]	558
原[2]	547	歡樂	550	還反	553			焉氏	558
原野	547	〔讙〕	550	垣	553	**影母**		〔鄢〕	558
原亂	547	讙譁	550	〔桓〕	553			鄢陵	558
源	547	〔獾〕	550	桓王	553	燕[1]	555	偃	558
願	547	獾獾	550	桓公	553	燕居	555	偃息	558
言	548	驩	550	桓司馬	553	燕飲	555	偃鼠	558
言語	548	驩兜	550	爰	553	燕[2]	555	〔椻〕	558
岸	548	驩然	550	爰旌目	553	燕昭王	555	椻長	558
岸門	548	儇	550	援	553	宛	555	噫	558
鴈	548	燻	550	瑗	553	安[1]	555	擇	558
鴈門	548	顯	550			安[2]	556		

—— 侵 部 ——

幫母		凡繇	559	〔耽〕	560	**定母**		枕	560
		〔鳳〕	559	〔點〕	560			**泥母**	
風	559	鳳皇	559			湛	560		
〔諷〕	559	鳳鳥	559	**透母**		湛滯	560	男	560
諷誦	559	鳳凰	559			沈[1]	560	男子	560
並母		**端母**		貪	560	沈陰	560	念	561
凡	559	堪[2]	560	貪汙	560	沈滯	560	南	561

南方	561	淫佚	563	**精母**		三軍	568	琴	571
南呂	561	淫侈	563			三皇	568	〔黔〕	571
南面	561	淫涵	563	浸	565	三家	568	黔首	571
南海	561	淫懸	563	浸淵	565	三晉	568	黔如	571
南巢	561	淫辭	563	寖	565	三族	568	唫	571
南陽	561					三象	568		
南蠻	561	**審母**		**清母**		三塗	568	**疑母**	
南宮括	561	審	563	侵	565	參²	568	〔吟〕	571
南宮虔	561	審己	564	侵削	565	糝	568		
		審分	564	侵奪	566	糂	568	**匣母**	
來母		審時	564	寑	566			含	571
臨	561	審爲	564	寢疾	566	**邪母**		含桃	571
林	562	審應	564	寢廟	566	尋	568	咸	571
林鐘	562	深	564	寢之丘	566			咸池	571
霖	562	〔沈²〕	564	參³	566	**見母**		咸黑	571
〔廩〕	562	沈尹戌	564	參乘	566	禁	568	醶	571
廩丘	562	沈尹巫	564	驂	566	禁止	569	鹹	571
		沈尹(莖)〔筮〕	564			禁塞	569		
照母		沈尹華	564	**從母**		今¹	569	**影母**	
占	562	沈尹筮	564	蠶	566	今²	569	陰	572
斟	562	沈尹(蒸)〔筮〕	564	潛	566	今日	569	陰江	572
斟酌	562		565			今昔	569	陰君	572
枕	562	**禪母**		**心母**		今茲	569	陰康氏	572
箴	562	甚	565	心¹	566	金	569	蔭	572
箴諫	562	**莊母**		心²	567	錦	570	飲	572
				三	567	減	570	飲至	572
日母		譖	565	三王	567	感	570	飲羽	572
壬	562	**牀母**		三公	567			音	572
任	562			三代	567	**溪母**		音初	573
任地	563	〔岑〕	565	三江	567	堪¹	570	音律	573
任座	563	岑鼎	565	三危	567			音樂	573
任登	563			三材	567	**羣母**		音聲	573
任數	563	**山母**		三官	568	禽	570	暗	573
				三苗	568	禽滑黎	571	瘖	573
喻母		參¹	565	三面	568	禽滑釐	571	闇	573
淫	563								

—— **談部** ——

並母		〔范〕	574	范吉射	574	**端母**		儋耳	574
		范氏	574	范宣子	574			檐	574
犯	574	范蠡	574	〔範〕	574	〔儋〕	574	〔膽〕	574

詞表 49

膽脣已	574	日母		心母		嗛	578	炎風	580	
透母						慊	579	炎帝	580	
		〔冉〕	575	銛	577	羣母		〔邯〕	580	
〔聃〕	574	冉叔	575	銛利	577			邯鄲	580	
詀	574	染	575	纖	577	黔	579	酣	580	
詀諛	574	喻母		見母		儉	579	檻	580	
定母		琰	576	甘	577	儉節	579	嫌	580	
		鹽	576	甘雨	577	芡	579	陷	580	
啖	574	禪母		甘肥	577	疑母		陷入	580	
淡	574			甘脆	577			銜	580	
澹[1]	574	贍[2]	576	甘脆	577	嚴	579			
談	575	澹[2]	576	甘澤	577	嚴肅	579	影母		
來母		莊母		甘蠅	577	嚴	579			
				監	577	驗	579	弇	581	
濫[1]	575	斬	576	監工	577	曉母		弇歛	581	
藍	575	牀母		監突	577			搛[2]	581	
覽	575			鑒	577	險	579	搛[1]	581	
廉	575	〔欃〕	576	鑑	577	險固	580	搛蔽	581	
斂	575	讒	576	濫[2]	578	險阻	580	奄	581	
照母		讒慝	576	敢	578	險陂	580	奄變	581	
		精母		兼	578	匣母		〔掩〕	581	
〔詹〕	575			劍	578			掩蔽	581	
詹子	575	濺	576	溪母		炎[1]	580	〔晻〕	581	
詹何	575	從母				炎[2]	580	〔閹〕	581	
瞻[1]	575			傔	578	炎天	580	閹尹	581	
瞻[2]	575	憿	576					厭	581	

讀音未詳者

訆	582	窅	582	樸	582	歛	582	轙	582
庹	582	靾	582	瀁	582	鄺	582	騫	582
秺	582	荏	582	瘠	582				

之 部

幫 母

不¹(2822) bù 甫救切 幫 宥韻

❶(2821)❶不，没。表示否定(2821)。
作狀語(2821)。《懷寵》："～虐五穀，～掘墳墓，～伐樹木。"《任數》："孔子窮乎陳、蔡之間，藜羹不斟，七日～嘗粒。"《分職》："君則～寒矣，民則寒矣。"

＊"不"後的動詞帶代詞賓語(28)，賓語或前置(13)，或在動詞之後(15)。《不侵》："我寒而～我衣，我饑而～我食。"《權勳》："彼若～吾假道，必～吾受也。"《長見》："今君聽讒人之議，而～知我。"《觀世》："～如吾者，吾不與處。"

＊"不"後的動詞帶表尊稱的名詞賓語，賓語偶爾前置(1)。《貴因》："～子欺，將之殷也。"

＊受"不"修飾的體詞活用作動詞(88)。《盡數》："流水不腐，户樞～蠹，動也。"《觀世》："故王者～四，霸者～六，亡國相望，囚主相及。"

❶(1)❷無，没有(1)。
作述語，帶體詞性賓語(1)。《聽言》："攻無罪之國以索地，誅～辜之民以求利。"

【不有】(4) 偏正結構。表示否定，後帶體詞性賓語，相當於"無""沒有"。均用於詢問句。《異用》："孔子之弟子從遠方來者，孔子荷杖而問之曰：'子之公～有恙乎？'"

【不亦…乎】(15) 表示反問，語氣比較委婉。"不亦"後成分一般由單音節謂詞充任(14)。《勸學》："～亦遠乎？"《不屈》："～亦可乎？"偶爾由雙音節謂詞性結構充任(1)。《愛士》："夫殺人以活畜，～亦不仁乎？"

【不唯】(3) 用於複句，處在分句句首。a.表示遞進關係，所在分句意輕(1)。《高義》："～唯越王不知翟之意，雖子亦不知翟之意。"b. 表示因果關係，所在分句表示原因(2)。《恃君》："然且猶栽萬物，制禽獸，服狡蟲，寒暑燥溼弗能害，～唯先有其備，而以羣聚邪！"

【不然】(32) 相當於"不是這樣"。a.作謂語(18)。《别類》："物多類然而～然。"《下賢》："賢主則～然。"b.作助動詞賓語(3)。《觀表》："非神非幸，其數不得～然。"c.作一般動詞賓語(1)。《正名》："説淫則可不可而然～然。"d.獨用，用在説話的開頭，表示否定對方的説法(10)。《下賢》："從者曰：'萬乘之主見布衣之士，一日三至而弗得見，亦可以止矣。'桓公曰：'～然。…'"

不二(1) 篇名，《審分覽》第七篇。

不死(1) 國名，傳説中的國家。《求人》："～～之鄉。"

不肖(74) 偏正式
❶(64)❶不賢(64)。
①作謂語(13)。《壅塞》："臣～～，不足以當此大任也。"
②作定語(13)。《自知》："君，～～君也。"
③作中心語(7)。a.受定語修飾(5)。《長攻》："遇湯、武，天也，非桀、紂之～～也。"b.受狀語修飾(2)。《審己》："天下之王皆～～。"
④作賓語(5)。《長攻》："故人主有大功，不聞～～，亡國之主不聞賢。"
⑤構成聯合結構(11)。《離謂》："賢～～不分，以此治國，賢主猶惑之也。"
⑥構成者字結構(15)。《樂成》："賢者得志則可，～～者得志則可。"
❶(10)❷不賢的人(10)。
①作賓語(2)。《知分》："使～～以賞

罰,使賢以義。"
　　②構成聯合結構(8)。《貴當》:"此賢者～～之所以殊也。"
不屈(1)　篇名,《審應覽》第六篇。
不周(2)　古代傳說中的山名,據說在崑崙山西北。《諭大》:"地大則有常祥、不庭、歧母、羣抵、天翟、～～。"
不苟(1)　篇名,《不苟論》第一篇。
不庭(1)　古代傳說中的山名,所在不詳。《諭大》:"地大則有常祥、～～、歧母、羣抵、天翟、不周。"
不侵(1)　篇名,《季冬紀》第五篇。
不辜(5)　偏正式
图(5)無罪的人(5)。
　　①作賓語(3)。《懷寵》:"求索無厭,罪殺～～。"
　　②作中心語,受定語修飾(2)。《先識》:"殺三～～,民大不服。"
不廣(1)　篇名,《慎大覽》第六篇。
不穀(13)　偏正式
图(13)春秋時各國國君自稱的謙詞(13)。
　　①作主語(8)。《重言》:"～～知之矣。"
　　②作賓語(3)。《長見》:"後世有聖人,將以非～～。"
　　③作定語,借助"之"(2)。《直諫》:"此～～之過也。"
不[2](4)　fǒu　方久切　非　有韻
图(4)同"否"(4)。
　　作謂語(4)。《愛類》:"匡章曰:'公取之代乎,其～與?'"
杯(1)　bēi　布回切　幫　灰韻
图(1)盛飲料的器皿(1)。
　　作賓語(1)。《直諫》:"鮑叔奉～而進曰。"
否(1)　fǒu　方久切　幫　有韻
图(1)不,不然。表示否定(1)。
　　作謂語(1)。《正名》:"尹文曰:'使若人於廟朝中深見侮而不鬬,王將以爲臣乎?'王曰:'～。大夫見侮而不鬬,則是辱也,辱則寡人弗以爲臣矣。'"
　　＊獨用。
鄙(9)　bǐ　方美切　幫　旨韻
图(9)❶古代行政區劃單位。五百家爲鄙(1)。
　　構成聯合結構(1)。《孟夏》:"命司徒循行縣～。"
　　❷邊邑,郊野(2)。
　　構成聯合結構(2)。《樂成》:"子產始治鄭,使田有封洫,都～有服。"
图(6)❸庸俗,淺陋(6)。
　　①作謂語(2)。《慎勢》:"分已定,人雖～,不爭。"
　　②作定語(1)。《尊師》:"子張,魯之～家也。"
　　③作中心語,受狀語修飾(1)。《審分》:"桀紂之臣不獨～。"
　　④構成聯合結構(2)。《諭人》:"人之情僞、貪～、美惡無所失矣。"
鄙人(12)　偏正式
图(12)❶郊野之民,小民(9)。
　　①作主語(2)。《君守》:"～～曰:'然,固不可解也。'"
　　②作中心語,受定語修飾(7)。《君守》:"問之魯～～。"《博志》:"甯越,中牟之～～也。"
　　❷淺陋之人(3)。
　　①作主語(1)。《異寶》:"～～必取百金矣。"
　　②作賓語(1)。《異寶》:"以龢氏之璧與百金以示～～。"
　　③作謂語(1)。《知分》:"夏后啓曰:'～～也,焉足以問?'"

滂　母

〔嚭〕　pǐ　匹鄙切　滂　旨韻
　　見"太宰嚭"。
剖(1)　pōu　普后切　滂　厚韻
图(1)剖開,破開(1)。
　　作述語,帶體詞性賓語(1)。《過理》:"～孕婦而觀其化。"

並　母

罘(3)　fú　縛謀切　並　尤韻
图(3)本爲捕兔的網,泛指捕獸的網(3)。
　　構成聯合結構(3)。《慎人》:"其未遇時也,以其徒屬掘地財,取水利,編蒲葦,結～網。"
〔桴〕　fú　縛謀切　並　尤韻
　　見"天桴"。

倍(10)　bèi　薄亥切　並　海韻
🈩(3)❶背向，背叛(2)。
　　①作述語，帶體詞性賓語(1)。《異用》:"(代步)〔曳杖〕而～之。"
　　②構成聯合結構(1)。《知士》:"若是者～反。"
　❷離開(1)。
　　作述語，帶體詞性賓語(1)。《觀表》:"～衛三十里，聞甯喜之難作。"
🈔(7)❸一倍(7)。
　　構成複合數詞(3)。《至忠》:"子培，賢者也，又爲王百～之臣。"
　〈活〉用如動詞，加倍(4)。
　　①作述語(3)。a.帶體詞性賓語(2)。《別類》:"今吾～所以爲偏枯之藥，則可以起死人矣。"b.帶補語(1)。《長利》:"利雖～於今，而不便於後，弗爲也。"
　　②作賓語(1)。《任地》:"其用日半，其功可使～。"
倍僪(1)　聯合式
🈩(1)日旁的光氣(1)。
　　作賓語(1)。《明理》:"其日有鬬蝕，有～～，有暈珥。"
〔**部**〕　bù　裵古切　並　姥韻
　　見"黎丘部"。
培(3)　péi　薄回切　並　灰韻
🈩(1)❶培土。
　　作中心語，受狀語修飾(1)。《辯土》:"高～則拔。"
🈔(2)❷覆蓋的土(1)。
　　作中心語，受定語修飾(1)。《辯土》:"熟有耰也，必務其～。"
　❸房屋的後牆(1)。
　　作中心語，受定語修飾(1)。《聽言》:"今人曰:'某氏多貨，其室～濕，守狗死，其勢可穴也。'則必非之矣。"
婦(12)　fù　房久切　並　有韻
🈔(12)❶已婚的女子，婦女(4)。
　　①作定語(3)。《仲冬》:"省～事，毋得淫，雖有貴戚近習，無有不禁。"
　　②作中心語，受定語修飾(1)。《過理》:"剖孕～而觀其化，殺比干而視其心。"
　❷妻子(6)。
　　①作主語(1)。《不屈》:"人有新取～者，～至，宜安矜煙視媚行。"
　　②作賓語(2)。《本味》:"伊尹亦欲歸

湯,湯於是請取～爲婚。"
　　③構成聯合結構(2)。《處方》:"凡爲治必先定分:君臣父子夫～。"
　❸兒媳(2)。
　　①作定語，借助"之"(1)。《遇合》:"～之父母，以謂爲己謀者，以爲忠。"
　　②作中心語，受定語修飾(1)。《遇合》:"姑妐知之，曰:'爲我～而有外心，不可蓄。'"
婦人(7)　偏正式
🈔(7)婦女，已嫁女子的通稱(7)。
　　①作主語(4)。《知接》:"公曰:'我欲食，～～曰:'吾無所得。'"《上農》:"是故丈夫不織而衣，～～不耕而食，男女貿功以長生。"
　　②作賓語(2)。《過理》:"使宰人腼熊蹯，不熟，殺之，令～～載而過朝以示威。"
　　③作中心語，受定語修飾(1)。《知接》:"有一～～踰垣入，至公所。"
婦女(1)　聯合式
🈩(1)已婚女子的通稱(1)。
　　作賓語(1)。《季春》:"禁～～無觀。"
婦官(1)　主管治絲麻布帛的女官。《季夏》:"是月也，命～～染采。"
負(11)　fù　房久切　並　有韻
🈩(11)背，以背馱物(11)。
　　①作謂語(1)。《離俗》:"以舜之德爲未至也，於是乎夫～妻戴，携子以入於海，去之終身不反。"
　　②作述語，帶體詞性賓語(7)。《知分》:"禹南省，方濟乎江，黃龍～舟。"
　　✱用如使動(2)。《慎行》:"得慶封，～之斧質，以徇於諸侯軍。"
　　③作助動詞賓語(1)。《自知》:"欲負而走，則鐘大不可～。"
　　④作狀語，借助"而"(2)。《自知》:"欲～～而走，則鐘大不可負。"
佩(1)　pèi　蒲昧切　並　隊韻
🈩(1)裝飾(1)。
　　作述語，帶體詞性賓語(1)。《節喪》:"珠玉以(備)〔～〕之。"

　　　　　　明　母

埋(3)　mái　莫皆切　明　皆韻
🈩(3)埋藏(3)。

作述語,帶體詞性賓語(2)。《誡廉》:"爲三書,同辭,血之以牲,～一於四内,皆以一歸。"
〈活〉用如名詞,指埋藏之物(1)。
作賓語(1)。《知接》:"齊鄙人有諺曰:'居者無載,行者無～。'"

霾(1)　mái　莫皆切　明　皆韻
勔(1)埋(1)。
作述語,帶體詞性賓語(1)。《孟春》:"無聚大衆,無置城郭,掩骼～髊。"

某(9)　mǒu　莫厚切　明　厚韻
凪(9)某,代替不明確指出的時間或人(9)。
作定語(9)。《孟春》:"先立春三日,太史謁之天子曰:'～日立春,盛德在木。'"《聽言》:"今人曰:'～氏多貨,其室培濕,守狗死,其勢可穴也。'則必非之矣。"

〔煤〕　méi　莫杯切　明　灰韻
見"炱煤"。

〔禖〕　méi　莫杯切　明　灰韻
見"高禖"。

謀(59)　móu　莫浮切　明　尤韻
勔(38)❶謀劃,商量(38)。
①作謂語(1)。《必己》:"多志則～。"
✻被動用法,指被人算計。
②作述語(16)。a. 帶賓語(15)。a₁. 帶體詞性賓語(8)。《召類》:"～利而得害,猶弗察也。"a₂. 帶謂詞性賓語(7)。《重言》:"齊桓公與管仲～伐莒。"b. 帶補語(1)。《離俗》:"卜隨辭曰:'后之伐桀也,～乎我,必以我爲賊也。'"
③作主語(1)。《慎人》:"～無不當,舉必有功,非加賢也。"
④作賓語(4)。《慎大》:"三日之内,與～之士,封爲諸侯,諸大夫賞以書社,庶士施政去賦。"
⑤作中心語,受狀語修飾(10)。《本生》:"若此人者,不言而信,不～而當,不慮而得。"《任地》:"天下時,地生財,不與民～。"
⑥構成連謂結構(6)。《長攻》:"越國大饑,王恐,召范蠡而～。"《分職》:"通乎君道,則能令智者～矣,能令勇者怒矣,能令辯者語矣。"
凧(21)❷謀劃之事(2)。
作主語(2)。《重言》:"桓公怪之,曰:

'與仲父謀伐莒,～未發而聞於國,其故何也?'"
❸計謀,謀略(19)。
①作主語(4)。《先己》:"商、周之國,～失於胸,令困於彼。"《召類》:"從義斷事則～不虧,～不虧則名實從之。"
②作賓語(2)。《諭大》:"《商書》曰:'五世之廟,可以觀怪。萬夫之長,可以生～。'"
③作中心語,受定語修飾(11)。《義賞》:"城濮之功,咎犯之～也。"
④構成聯合結構(2)。《諭人》:"適耳目,節嗜欲,釋智～,去巧故。"

謀士(1)　偏正式
図(1)出謀劃策的人(1)。
作主語(1)。《爲欲》:"～～言曰:'願將下矣。'"

母(46)　mǔ　莫厚切　明　厚韻
図(46)母親(46)。
①作賓語(5)。《不廣》:"公子小白無～,而國人憐之。"
②作中心語,受定語修飾(16)。《報更》:"臣有老～,將以遺之。"《精通》:"臣之～得生,而爲公家爲酒。"
③構成聯合結構(25)。《諭人》:"何謂六戚?父、～、兄、弟、妻、子。"《無義》:"公孫鞅以其私屬與～歸魏。"

母猴(2)　偏正式
図(2)獸名,即獼猴、沐猴(2)。
①作賓語(1)。《察傳》:"故狗似玃,玃似～～,母猴似人,人之與狗則遠矣。"
②作主語(1)。《察傳》:"故狗似玃,玃似母猴,～～似人,人之與狗則遠矣。"

每(6)　měi　武罪切　明　賄韻
凪(1)❶每(1)。
作定語(1)。《離俗》:"～朝與其友俱立乎衢,三日不得,却而自歿。"
勔(5)❷每次,每逢(4)。
作狀語(4)。《異寶》:"～食必祭之,祝曰:'江上之丈人!'"《精諭》:"海上之人有好蜻者,～居海上,從蜻游,蜻之至者百數而不止。"
❸當,將(1)。
作狀語(1)。《貴直》:"已不用若言,

又斳之東閭，～斳者以吾參夫二子者乎！"

畝(9)　mǔ　莫厚切　明　厚韻
图(4)❶田壟，田中高處(4)。
　　①作賓語(2)。《任地》："上田棄～，下田棄畎。"
　　②作中心語，受定語修飾(2)。《簡選》："反鄭之坤，東衛之～，尊天子於衡雍。"
圖(5)❷土地單位(5)。
　　構成數量結構(5)。《任數》："三～之宮，而心不能知。"

〔**梅**〕　méi　莫杯切　明　灰韻
梅伯(2)　人名，商紂時的諸侯。《行論》："昔者紂爲無道，殺～～而醢之，殺鬼侯而脯之，以禮諸侯於廟。"

敏(4)　mǐn　眉殞切　明　軫韻
图(4)❶迅速，敏捷(3)。
　　①作謂語(1)。《本生》："天全，則神和矣，目明矣，耳聰矣，鼻臭矣，口～矣，三百六十節皆通利矣。"
　　②構成聯合結構(2)。《士容》："客有見田駢者，被服中法，進退中度，趨翔閒雅，辭令遜～。"
❷聰明，機智(1)。
作中心語，受狀語修飾(1)。《順民》："無以一人之不～，使上帝鬼神傷民之命。"

晦(3)　mǔ　莫厚切　明　厚韻
图(3)畝，田壟(3)。
　　①作主語(2)。《辯土》："故～欲廣以平，畎欲小以深。"
　　②作賓語(1)。《辯土》："實其爲～也，高而危則澤奪，陂則埒。"

端母

戴(2)　dài　都代切　端　代韻
图(2)❶頭上頂着(1)。
作謂語(1)。《離俗》："於是乎夫負妻～，携子以入於海。"
❷愛戴，擁護(1)。
構成聯合結構(1)。《慎人》："其遇時也，登爲天子，賢士歸之，萬民譽之，丈夫女子振振殷殷，無不～說。"

戴任(1)　❶鳥名(1)。
作主語(1)。《季春》："鳴鳩拂其羽，～～降於天。"
戴氏(1)　指宋國，宋爲子姓，後其貴族戴氏爲君，所以稱宋國爲戴氏。《雍塞》："狂而以行賞罰，此～～之所以絕也。"

徵²(5)　zhǐ　陟里切　知　止韻
五音之一。《圜道》："宮～商羽角，各處其處，音皆調均。"

透母

胎(3)　tāi　土來切　透　咍韻
图(3)胚胎，人或哺乳動物未生的幼體(3)。
　　①作主語(1)。《明理》："人民淫爍不固，禽獸～消不殖。"
　　②作賓語(1)。《應同》："刳獸食～，則麒麟不來。"
　　③構成聯合結構(1)。《禁塞》："壯佼、老幼、～膚之死者，大實平原，廣堙深谿大谷，赴巨水，積灰填溝洫險阻。"

胎夭(2)　聯合式
图(2)在母腹中的小獸(2)。
　　①作主語(1)。《季冬》："行春令，則～～多傷，國多固疾。"
　　②構成聯合結構(1)。《孟春》："無覆巢，無殺孩蟲，～～，飛鳥，無麛無卵。"

笞(6)　chī　丑之切　徹　之韻
图(6)用鞭子、竹板、荊條抽打(6)。
　　①作賓語(2)。a. 作一般動詞賓語(1)。《直諫》："王不受～，是廢先王之令也。"b. 作助動詞賓語(1)。《直諫》："王之罪當～。"
　　②作定語，借助"之"(1)。《直諫》："有～之名一也，遂致之！"
　　③作中心語，受狀語修飾(1)。《直諫》："王曰：'不穀免衣繩縲而齒於諸侯，願請變更而無～。'"
　　④構成聯合結構(2)。《蕩兵》："家無怒～，則豎子、嬰兒之有過也立見。"

〔**態**〕　tài　他代切　透　代韻
態度(2)　聯合式
图(2)人的神情、舉止(2)。

構成聯合結構(2)。《去尤》:"他日,復見其鄰之子,動作~~無似竊鈇者。"

恥(11) chǐ 敕里切 徹 止韻
圖(9)❶恥辱(9)。
①作主語(1)。《似順》:"~無大乎危者。"
②作賓語(1)。《似順》:"完子曰:'君之有國也,百姓怨上,賢良又有死之臣蒙~。'"
③作中心語,受定語修飾(2)。《順民》:"越王苦會稽之~,欲深得民心,以致必死於吳。"
〈活〉用如動詞(5)。1.用如使動,使⋯感到羞恥(2)。
作述語,帶體詞性賓語(2)。《直諫》:"申曰:'臣聞君子~之,小人痛之。~之不變,痛之何益?'"
2.用如意動,對⋯感到恥辱(3)。
①作述語,帶賓語(2)。a.帶體詞性賓語(1)。《長見》:"師曠曰:'後世有知音者,將知鐘之不調也。臣竊爲君~之。'"b.帶謂詞性賓語(1)。《似順》:"世主之患,~不知而矜自用,好愎過而惡聽諫,以至於危。"
②作助動詞賓語(1)。《務本》:"今有人於此,修身會計則可~,臨財物資盡則爲己。"
圖(2)❷羞辱,侮辱(2)。
①作述語,帶體詞性賓語(1)。《先識》:"夏王無道,暴虐百姓,窮其父兄,~其功臣,輕其賢良,棄羹聽讒。"
②構成連謂結構(1)。《權勳》:"齊王欲戰,使人赴觸子,~而訾之曰。"

定 母

持(17) chí 直之切 澄 之韻
圖(17)❶把握,掌握(1)。
構成連謂結構(1)。《長見》:"申侯伯善~養吾意,吾所欲則先我爲之。"
❷保持,守住(16)。
①作述語(15)。a.帶體詞性賓語(9)。《察今》:"故治國無法則亂,守法而弗變則悖,悖亂不可以~國。"《貴生》:"故曰:道之真,以~身。"b.帶謂詞性

賓語(6)。《慎大》:"唯有道之主能~勝。"《貴當》:"齊人有好獵者,曠日久而不得獸。"
②構成所字結構(1)。《君守》:"夫國豈特爲車哉?衆智衆能之所~也,不可以一物一方安(車)也。"

待(42) dài 徒亥切 定 海韻
圖(42)❶等,等待,等候(22)。
①作述語(19)。a.帶賓語(18)。a_1.帶體詞性賓語(16)。《首時》:"水凍方固,后稷不種,后稷之種必~春。"《無義》:"行方可賤可羞,而無秦將之重,不窮奚~?"a_2.帶謂詞性賓語(2)。《遇合》:"凡遇,合也。時不合,必~合而後行。"《審時》:"不得(待)〔~〕定熟,卬天而死。"b.帶補語(1)。《應言》:"有之勢是而入,大蚤,奚~於魏敬之說也?"
②作助動詞賓語(1)。《聽言》:"周書曰:'往者不可及,來者不可~。'"
③作中心語,受狀語修飾(2)。《報更》:"文無以復(侍)〔~〕矣。"《知度》:"故有道之主,因而不爲,責而不詔,去想去意,靜虛以~。"
❷依靠(3)。
作述語,帶賓語(3)。a.帶體詞性賓語(1)。《觀世》:"士與聖人之所自來,若此其難也,而治必~之,治ողく由至?"b.帶謂詞性賓語(2)。《務大》:"故細之安也必~大,大之安也必~小。"
❸需要(12)。
作述語,帶賓語(12)。a.帶體詞性賓語(3)。《誣徒》:"爲之而樂,奚~賢者,雖不肖者猶若勸之。"b.帶謂詞性賓語(9)。《長利》:"夫爲諸侯,名顯榮,實佚樂,繼嗣皆得其澤,伯成子高不~問而知之。"《精通》:"神出於忠而應乎心,兩精相得,豈~言哉?"
❹對待(2)。
①作述語,帶體詞性賓語(1)。《謹聽》:"愉易平靜以~之,使夫自得之。"
②作中心語,受狀語修飾(1)。《知分》:"古聖人不以感私傷神,俞然而以~耳。"
❺招待,侍奉(2)。
①作述語,帶體詞性賓語(1)。《圜道》:"百官各處其職,治其事以~主,

主無不安矣。"

②構成聯合結構(1)。《慎行》："令尹必來辱,我且何以給～之。"

❻準備(1)。

作述語,帶體詞性賓語(1)。《季冬》："天子乃與卿大夫飭國典,論時令,以～來歲之宜。"

治(175) zhì 直吏切 澄 志韻
圖(104)❶治水(1)。

作述語,帶體詞性賓語(1)。《達鬱》："是故～川者決之使導。"

❷治理,管理,泛指進行某種工作(103)。

①作述語,帶體詞性賓語(85)。《貴公》："伯禽將行,請所以～魯。"《不屈》："使工女化而爲絲,不能～絲;使大匠化而爲木,不能～木;使聖人化而爲農夫,不能～農夫。"

②作賓語(6)。a.作一般動詞賓語(4)。《察今》："時已徙矣,而法不徙,以此爲～,豈不難哉?"b.作助動詞賓語(2)。《至忠》："非怒王,疾不可～。"

③作定語,借助"之"(2)。《審分》："正名審分,是～之轡矣。"

④作中心語(5)。a.受定語修飾(1)。《不屈》："惠子之治魏爲本,其～不治。"b.受狀語修飾(4)。《正名》："民有罪則罰之,民無罪則惡民之難～,可乎?"

⑤構成連謂結構(2)。《不屈》："不工而～,賊天下莫大焉。"

❻構成聯合結構(3)。《具備》："故凡説與～之務莫若誠。"

圖(71)❸治理好的,特指國家政治清明,太平,與"亂"相對(71)。

①作謂語(17)。《先己》："昔者,先聖王成其身而天下成,治其身而天下～。"

②作定語(5)。a. 直接作定語(4)。《誠廉》："吾聞古之士,遭乎～世,不避其任。"b.借助"之"(1)。《正名》："足以喻～之所悖,亂之所由起而已矣。"

③作中心語(17)。a.受定語修飾(7)。《振亂》："賞不善而罰善,欲民之～也,不亦難乎?"b.受狀語修飾(10)。《先己》："樂備君道而百官已～矣。"《求

人》："爲天下之不～與?"

④作主語(10)。《觀世》："士與聖人之所自來,若此其難也,而～必待之,～奚由至?"

⑤作賓語(4)。《任數》："凡官者以～爲任,以亂爲罪。"

❻構成聯合結構(14)。《務本》："民之～亂在於有司。"

〈活〉用如動詞,使治理好(4)。

作述語,帶體詞性賓語(4)。《有度》："堯固已～天下矣。"《當賞》："此先王之所以～亂安危也。"

怠(5) dài 徒亥切 定 海韻
圖(5)鬆懈,懶惰(5)。

①作中心語,受狀語修飾(4)。《節喪》："父雖死,孝子之重之不～。"《達鬱》："壯而～則失時,老而解則無名。"

②構成聯合結構(1)。《懷寵》："子之在上無道,據傲荒～,貪戾虐衆,恣睢自用也。"

〔**炱**〕 tái 徒哀切 定 哈韻
炱煤(1)

［備考］《任數》："鬻者煤炱入甑中。"舊作"煤室",畢沅改爲"煤炱",曰:"室與炱形近致訛。"王引之曰:"煤室"當作"臺煤",…今本"臺煤"二字誤倒,"臺"字又譌作"室"。又曰:"炱"爲正字,"臺"爲借字。按:炱煤,凝聚的烟塵。

殆(11) dài 徒亥切 定 海韻
圖(5)❶危險(5)。

①作謂語(1)。《義賞》："寡人之國危,社稷～,身在憂約之中。"

②作中心語,受狀語修飾(1)。《直諫》："寡人與大夫能皆毋忘夫子之言,則齊國之社稷幸於不～矣。"

③構成聯合結構(1)。《本味》："人主有奮而好獨者,則名號必廢熄,社稷必危～。"

〈活〉用如動詞,感到危險(2)。

①作謂語(1)。《去尤》："以瓦投者翔,以鉤投者戰,以金投者～。"

②構成所字結構(1)。《去尤》："而有所～者,必外有所重者也。"

圖(1)❷危害(1)。

作述語,帶體詞性賓語(1)。《樂成》：

"當此時也,論士～之日幾矣。"
圖(5)❸恐怕,大概(5)。
　　作狀語(5)。《精諭》:"～有他事,願公備之也。"《自知》:"座～尚在於門。"

殆乎(2)　附加式
圖(2)恐怕(2)。
　　作狀語(2)。《士容》:"客～～非士也。"

駘(1)　tái　徒哀切　定　哈韻
图(1)劣馬(1)。
　　構成聯合結構(1)。《貴卒》:"所爲貴驥者,爲其一日千里也;旬日取之,與駑～同。"

臺(6)　tái　徒哀切　定　哈韻
图(6)高而平的土臺(6)。
　　①作主語(1)。《重己》:"室大則多陰,～高則多陽。"
　　②作賓語(1)。《慎小》:"登～以望,見戎州。"
　　③作定語(1)。《重言》:"日者臣望君之在～上也,艴然充盈,手足矜者,此兵革之色也。"
　　④作中心語,受定語修飾(3)。《重己》:"是故先王不處大室,不爲高～。"《音初》:"有娀氏有二佚女,爲之九成之～,飲食必以鼓。"

臺榭(4)　聯合式
图(4)臺和榭。臺,高而平的土臺。榭,臺上的敞屋(4)。
　　①作賓語(1)。《仲夏》:"是月也,…可以居高明,可以處～～。"
　　②構成聯合結構(3)。《重己》:"其爲宮室～～也,足以辟燥溼而已矣。"

泥　母

能(441)　néng　奴登切　泥　登韻
图(42)❶才能,能力(40)。
　　①作主語(1)。《首時》:"天不再與,時不久留,～不兩工。"
　　②作賓語(20)。《長見》:"君知我而使我畢～,西河可以王。"《無義》:"公孫鞅之於秦也,非父兄也,非有故也,以～用也。"
　　③作定語(2)。a.直接作定語(1)。《簡選》:"令～將將之。"b.借助"之"(1)。

《觀表》:"其所以相者不同,見馬之一徵也,而知節之高卑,…～之長短。"
　　④作中心語,受定語修飾(11)。《有始》:"以寒暑日月晝夜知之,以殊形殊～異宜說之。"《不二》:"無術之智,不教之～,而恃疆速貫習,不足以成也。"
　　⑤構成聯合結構(6)。《謹聽》:"若夫有道之士,必禮必知,然後其智～可盡。"《適威》:"知其～力之不足也,則以爲繼矣。"
　❷有才能的人(2)。
　　①作賓語(1)。《先己》:"親親長長,尊賢使～。"
　　②作中心語,受定語修飾(1)。《分職》:"先王之立功名,有似於此,使衆～與衆賢,功名大立於世。"
圖(52)❸有能力做,能做(52)。
　　①作謂語(2)。《不廣》:"文公曰:'吾其～乎?'"
　　②作述語,帶賓語(15)。a.帶體詞性賓語(9)。《君守》:"夫一能應萬,無方而出之務者,唯有道者～之。"b.帶謂詞性賓語(6)。《誣徒》:"雖賢者猶不～久。"
　　③作中心語,受狀語修飾(29)。《用衆》:"無醜不～,無惡不知。"《應言》:"(卬)〔卯〕雖賢,固～乎?"
　　④構成聯合結構(4)。《勿躬》:"人主知～不能之可以君民也,則幽詭愚險之言無不識矣。"
　　⑤構成所字結構(2)。《不廣》:"成亦可,不成亦可,以其所～託所不能。"
助動(347)❹能够(347)。
　　作述語(347)。a.帶謂詞性賓語(346)。《異用》:"古之人貴～射也,以長幼養老也。"《遇合》:"凡～聽說者,必達乎論議者也。"b.帶補語(1)。《盡數》:"食～以時,身必無災。"

能意(3)　人名,姓能,名意,戰國時齊國人。《貴直》:"～～見齊宣王。"

乃[1](1)　nǎi　奴亥切　泥　海韻
㕚(1)其,他(他們)的(1)。
　　作定語(1)。《上農》:"若民不力田,墨～家畜。"

乃[2](236)　nǎi　奴亥切　泥　海韻
圖(236)❶於是,就,才。表示前後兩事在情理上順承相因,或時間上的緊相連接(208)。
　作狀語(208)。《古樂》:"惟天之合,正風~行。"《至忠》:"王令人發平府而視之,於故記果有,~厚賞之。"《古樂》:"帝堯立,~命質爲樂。"《不苟》:"郈子虎不敢固辭,~受矣。"
❷卻,竟然。表示前後兩事在情理上相違背(11)。
　作狀語(11)。《首時》:"之秦之道,~之楚乎?"《精諭》:"桓公之所以匿者不言也,今管子~以容貌音聲,夫人~以行步氣志。"
❸僅,只。表示限於某一範圍(2)。
　作狀語(2)。《義賞》:"天下勝者衆矣,而霸者~五。"《君守》:"兒說之弟子請往解之,~能解其一,不能解其一。"
❹是,就是。表示對人、事物或行爲的確認,含有强調或申辯的語氣(12)。
　作狀語(12)。《當務》:"受德~紂也,甚少矣。"《審應》:"夫鄭~韓氏亡之也,願君之封其後也。"
❺又。表示狀態的累積(3)。
　作狀語(3)。《諭大》:"《夏書》曰:'天子之德廣運,~神~武~文。'"
【乃今】(1) 副詞性結構,表示時間的界限。意思是"現在""從現在起"。《達鬱》:"臣~~將爲君勉之,若何其沈於酒也!"

迺(1)　nǎi　奴亥切　泥　海韻
图(1)同"乃"。於是,就(1)。
　作狀語(1)。《孟春》:"~命太史,守典奉法,司天日月星辰之行,宿離不忒,無失經紀。"

來　母

里(51)　lǐ　良士切　來　止韻
图(2)❶古代一種居民組織,五家爲鄰,五鄰爲里(2)。
　作賓語(2)。《懷寵》:"以~聽者,禄之以~。"
量(49)❷長度單位(49)。
　①作定語(1)。《贊能》:"夫得聖人,豈有~數哉?"

②構成數量結構(48)。《博志》:"驥一日千~,車輕也。"《有始》:"凡四海之內,東西二萬八千~,南北二萬六千~。"

里克(2)　春秋時晉大夫。《原亂》:"~~率國人以攻殺之。"

理(73)　lǐ　良士切　來　止韻
動(5)❶治理,治理好(5)。
　①作謂語(1)。《勸學》:"聖人之所在,則天下~焉。"
　②作述語,帶體詞性賓語(2)。《長利》:"堯~天下,吾子立爲諸侯。"
　③作中心語,受狀語修飾(2)。《季春》:"百工咸~。"
图(68)❷紋理,脈理,條理(4)。
　①作主語(2)。《重己》:"~塞則氣不達。"
　②作中心語,受定語修飾(1)。《精通》:"用刀十九年,刃若新磨研,順其~,誠乎牛也。"
　③構成聯合結構(1)。《有度》:"容動色~氣意,六者繆心者也。"
❸道理,規律(63)。
　①作主語(6)。《離謂》:"~也者,是非之宗也。"《慎勢》:"~通,君道也。"
　②作賓語(32)。《論人》:"舉錯以數,取與遵~,不可惑也。"《任數》:"凡耳之聞也藉於靜,目之見也藉於昭,心之知也藉於~。"
　③作定語,借助"之"(1)。《慎勢》:"周鼎著象,爲其~之通也。"
　④作中心語,受定語修飾(12)。《別類》:"高陽應好小察,而不通乎大~也。"《孟春》:"無變天之道,無絕地之~,無亂人之紀。"
　⑤構成聯合結構(12)。《懷寵》:"暴虐姦詐之與義~反也,其勢不俱勝,不兩立。"《離俗》:"世之所不足者,~義也。"
❹法官(1)。
　作賓語(1)。《孟秋》:"命~瞻傷察創,視折審斷。"

鯉(1)　lǐ　良士切　來　止韻
图(1)鯉魚(1)。
　作賓語(1)。《本味》:"蕭水之魚名曰鰩,其狀若~而有翼。"

貍(2)　lí　里之切　來　之韻
图(2)貓(2)。
　①作賓語(1)。《功名》："以～致鼠，以冰致蠅，雖工，不能。"
　②作主語(1)。《貴當》："～處堂而衆鼠散。"

來(88)　lái　落哀切　來　咍韻
圗(86) ❶由彼處到此處，與"往"相對(75)。
　①作謂語(8)。《季秋》："候鴈～。"
　②作述語，帶體詞性賓語(6)。《古樂》："故士達作爲五弦瑟，以～陰氣，以定羣生。"《知士》："客肯爲寡人少～静郭君乎？"
　＊均爲使動用法。
　③作狀語(1)。《行論》："往不假道，～不假道，是以宋爲野鄙也。"
　④作中心語(37)。a.受定語修飾(5)。《盡數》："精氣之～也，因輕而揚之，因走而行之。"b.受狀語修飾(32)。《上農》："數奪民時，大饑乃～。"《貴直》："有人自南方～。"
　⑤構成聯合結構(8)。《精通》："精或往～也。"《慎小》："日晏，公不～至。"
　⑥構成連謂結構(15)。《仲春》："仲春行秋令，則其國大水，寒氣總至，寇戎～征。"《決勝》："雖胹輿白徒，方數百里皆～會戰，勢使之然也。"
❷到某一時間(以後或將來)(11)。
　①作定語(4)。《季冬》："天子乃與卿大夫飭國典，論時令，以待～歲之宜。"
　②作中心語，受狀語修飾(6)。《上德》："自今以～，無有忠於其君，忠於其君者將烹。"
　＊修飾語均爲表時間的介詞結構；修飾語與中心語之間均用連詞"以"連接。
　③構成者字結構(1)。《聽言》："往者不可及，～者不可待。"
　［備考］《開春》："共伯和修其行，好賢仁，而海内皆以來爲稽矣。"高誘注：皆以來附爲稽遲也。俞樾曰："以""爲"二字衍文也。《辯土》："一時而五六死，故不能爲來。"高誘注：來，丕成也。夏緯英曰："來"是"嗇"字之誤。"嗇"有收成之義，與"稽"義近。陳奇猷曰："來"猶穗也。

吏(34)　lì　力置切　來　志韻
图(34)官吏、屬吏的通稱(34)。
　①作主語(11)。《具備》："～甚患之，辭而請歸。"
　②作賓語(13)。《當賞》："夫人聞之，大駭，令～興卒。"《至忠》："申公子培之弟進請賞於～。"
　③作中心語，受定語修飾(9)。《具備》："二～歸報於君。"
　④構成聯合結構(1)。《當賞》："卒與～其始發也，皆曰：'往擊寇。'"

李(2)　lì　良士切　來　止韻
图(2)李樹(2)。
　構成聯合結構(2)。《仲春》："始雨水，桃～華，蒼庚鳴。"

李子(1)　見"李悝"。《勿躬》："故～～曰：'非狗則不得兔，兔化而狗，則不爲兔。'"

李克(5)　戰國初期的政治家，子夏的學生，曾任中山相。《適威》："魏武侯之居於中山也，問於～～曰：'吳之所以亡者何也？'"

李言(1)　人名。事未詳。《無義》："～～、續經與之俱如衞。"

李悝(2)　戰國初魏人，法家代表人物，曾爲魏文侯相。《驕恣》："～～趨進曰。"

李欬(1)　人名。事未詳。《無義》："趙急求～～。"

照　母

之¹(40)　zhī　止而切　照₃　之韻
圗(40)往，至(40)。
　①作述語，帶體詞性賓語(33)。《至忠》："齊王疾痏，使人～宋迎文摯。"《首時》："～秦之道，乃～楚乎？"《貴因》："西伯將何～？"
　②作中心語，受狀語修飾(4)。《論人》："豪士時～，遠方來賓，不可塞也。"《重己》："使五尺豎子引其棬，而牛恣所以～，順也。"
　③構成所字結構(3)。《異寶》："五員亡，…去鄭而之許，見許公而問所～。"《論威》："行不知所～，走不知所往。"

之²(1741) zhī 止而切 照₃ 之韻
四(1739)❶他(它),他(它)們。第三人稱代詞(1706)。
①作賓語(1652)。a.作一般動詞賓語(1643)。《貴公》:"荊人有遺弓者,而不肯索,曰:'荊人遺~,荊人得~,又何索焉?'"《去私》:"庖人調和而弗敢食,故可以爲庖。若使庖人調和而食~,則不可以爲庖矣。"

＊在否定句中大多前置(35)。《下賢》:"桃李之垂於行者,莫~援也。"《勸學》:"不疾學而能爲魁士名人者,未~嘗有也。"也可以不前置(15)。《至忠》:"誠欲殺我,則胡不覆~。"《知度》:"人主之患,必在任人而不能用~。"

＊"之"偶爾靈活運用,爲説話者本人自稱(4)。《長攻》:"於是襄子曰:'先君必以此教~也。'"《觀世》:"越石父曰:'夫子禮~,敢不敬從?'"

＊"之"用於某些不及物動詞、時間詞、處所詞、副詞之後,詞義已經虛化,表示動作、時間的持續或語氣的強調(25)。《貴直》:"及戰,且遠立,又居於犀蔽屏櫓之下,鼓~而士不起。"《離謂》:"鄧析曰:'安~,人必莫之賣也。'"《安死》:"人之壽,久~不過百,中壽不過六十。"《用民》:"今外~則不可以拒敵,內~則不可以守國。"《無義》:"先王之於論極~也。"

b.作助動詞賓語(9)。《君守》:"唯有道者能~。"《上德》:"殺臣以免國,臣願~。"

②複指前置賓語(54)。《情欲》:"巧佞~近,端直~遠,國家大危。"《貴因》:"因其所用,何敵~有矣!"《孝行》:"所謂本者,非耕耘種殖~謂,務其人也。"

❷此。起指示作用(14)。
作定語(14)。《音初》:"后來,是良日也,~子必有大吉。"《舉難》:"異哉!~歌者非常人也。"

❸他(它)的。相當於"其"(6)。
作定語(6)。《重己》:"人不愛倕~指,而愛己~指,有~利故也。"《無義》:"欲埋~責,非攻無以~長攻》:

"其妻遙聞~狀,磨笄以自刺。"

❹那裏。代處所。相當於"焉"(13)。
作補語(13)。《功名》:"缶醯黃,蚋聚~,有酸。"《安死》:"堯葬於穀林,通樹~。"

[備考]《孝行》:"善乎而問之。"按:"問之"相當於"所問"。《功名》:"桀紂貴爲天子,富有天下,能盡害天下之民,而不能得賢名之。"范耕研曰:此句亦當作"而不能得之賢名"。陳奇猷曰:此當作"而不能得賢之名"。

【…之謂】(27) 此類格式中,"之"爲代詞,"之"前的部分爲動詞"謂"的賓語,"之"起複指作用,動詞"謂"後不再有其他成分,常有語氣詞"也"或"乎"煞句。《貴生》:"故所謂尊生者,全生~謂。"《節喪》:"知生也者,不以害生,養生~謂也。"《召類》:"夫修之於廟堂之上,而折衝乎千里之外者,其司城子罕~謂乎!"

＊此類格式動詞"謂"後沒有其他成分,與"謂"後有賓語的"…之謂…"格式不同,應注意區分。參見"之³"。

之³(2986) zhī 止而切 照₃ 之韻
四(2986)❶用於定語和中心語之間,把定語介紹給中心語(2455)。《貴生》:"此顏闔~家耶?"《孟春》:"孟春~月,日在營室。"《義賞》:"臣聞繁禮~君,不足於文;繁戰~君,不足於詐。"

＊"之"前後兩項的語義關係有多種:1.領屬關係(841)。《權勳》:"屈產~乘,寡人~駿也。"《貴公》:"天下,非一人~天下也,天下~天下也。"2.同一關係。定語均爲小類名,中心語均爲大類名(176)。《本味》:"馬之美者,青龍~匹,遺風~乘。"《遇合》:"嫁不必生也,衣器~物,可外藏~。"3.修飾、限制關係(1438)。《功名》:"善弋者,下鳥乎百仞~上,弓良也。"《慎大》:"三日~內,與謀~士封爲諸侯。"《離俗》:"夢有壯子,白縞~冠,丹繢~袧。"《求人》:"耕而食,終身無經天下~色。"

❷用於主語和謂語之間,使主謂結構轉化爲名詞性短語(468)。《貴公》:"鮑叔牙~爲人也,清廉潔直。"《諭大》:"乃不知禍~將及己也。"《悔過》:

"夫秦非他,周室~建國也。"《侈樂》:"宋~衰也,作爲千鍾。"

＊"主・之・謂"名詞短語在句中可充當主語(161)、賓語(174)、謂語(9)、狀語(56),例見上文。

＊"之"在結果分句中表示"之所以"的意思(21)。《適音》:"故先王~制禮樂也,非特以歡耳目、極口腹之欲也。"《不屈》:"古者~貴善御也,以逐暴禁邪也。"《達鬱》:"故聖王~貴豪士與忠臣也,爲其敢直言而決鬱塞也。"

❸用於主語和狀語之間,強調與謂語有關的方面(48)。《察傳》:"人~與狗則遠矣。"《明理》:"五帝三王~於樂盡之矣。"《遇合》:"若人~於滋味,無不說甘脆。"

❹用於述語和賓語(或補語)之間(15)。《季春》:"行~是令,而甘雨至三旬。"《悔過》:"女死,不於南方之岸,必於北方之岸,爲吾尸女~易。"

＊"之"有時用於主謂、述賓、定中等結構之間,只起凑足音節的作用(64)。《審時》:"莖相若,稱之,得時者重,粟~多。"《圜道》:"其所欲者~遠,而所知者~近。"《節喪》:"今無此~危,無此~醜,其爲利甚厚,乘車食肉,澤及子孫。"又見❹之例。

【…之謂…】(39) 此類格式,"之"前爲主語,"謂"是動詞,其後爲賓語。"之"字已經虛化,無實在意義。"之"前的主語可以是一種複雜的結構(7),也可以是一個指示代詞(32)。"謂"後必有賓語。《盡數》:"凡食之道,無飢無飽,是~謂五藏之葆。"《有始》:"天地萬物,一人之身也,此~謂大同。"《慎人》:"君之達於道~謂達,窮於道~謂窮。"

之⁴(5) zhī 止而切 照₃ 之韻
團(5)連接詞或短語,前後兩部分是並列關係(5)。《孟春》:"天子親載耒耜,措之參于保介~御間。"《適音》:"樂~弗樂,心也。"《論威》:"夫兵有大要,知謀物之不謀~不禁也。"

＊"之"以連接兩個同謂詞性成分爲主(4),但也可連接兩個體詞性成分(1)。

止(69) zhǐ 諸市切 照₃ 止韻

團(68) ❶停止,止息(45)。
①作謂語(17)。《察今》:"舟~,從其所契者入水求之。"《慎勢》:"威立者其姦~。"
②作述語,帶賓語(12)。a.帶體詞性賓語(8)。《長見》:"吳起至于岸門,車而望西河,泣數行而下。"《離謂》:"魏王乃~其行。"b.帶謂詞性賓語(4)。《樂成》:"中主以之咆咆也~善,賢主以之咆咆也立功。"《行論》:"請王~兵。"
③作中心語,受狀語修飾(13)。《論人》:"故日殺僇而不~。"《壹行》:"故以禁則必~,以勸則必爲。"《忠廉》:"呼天而啼,盡哀而~。"
④作賓語(2)。a.作一般動詞賓語(1)。《審分》:"譽流乎無~。"b.作助動詞賓語(1)。《下賢》:"一日三至而弗得見,亦可以~矣。"
⑤構成者字結構(1)。《審分》:"~者不行,行者不止。"
＊特指"病愈"(2)。《制樂》:"無幾何,疾乃~。"《愛士》:"得白驥之肝,病則~。"

❷阻止,禁止(15)。
①作述語,帶賓語(7)。a.帶體詞性賓語(4)。《驕恣》:"寡人不肖,而好爲大室,春子~寡人。"《上德》:"田襄子~之曰:'孟子已傳鉅子於我矣,當聽。'"b.帶謂詞性賓語(3)。《應同》:"故割地寶器,卑辭屈服,不足以~攻。"《盡數》:"夫以湯~沸,沸愈不止。"
②作助動詞賓語(8)。《忠廉》:"吳王不能~,果伏劍而死。"《首時》:"亂世之民,嘆然,未見賢者也;見賢人,則往不可~。"

❸棲息,居住(3)。
①作述語,帶補語(2)。《重言》:"有鳥~於南方之阜,其三年不動,將以定志意也。"
②作狀語(1)。《論人》:"~則觀其所好。"

❹留,留下(5)。
①作述語,帶體詞性賓語(2)。《當染》:"魯惠公使宰讓請郊廟之禮於天

子,桓王使史角往,惠公~之。"
　　②構成連謂結構(3)。《觀表》:"右宰
穀臣~而觴之。"
　　[備考]《本味》:"止彼在己。"俞樾
曰:"止"疑"亡"字之誤。于省吾曰:
"止"即古文"之"字,"之"猶"往"也。

〔阯〕 zhǐ　諸市切　照₃　止韻
　　見"交阯"。

趾(1) zhǐ　諸市切　照₃　止韻
图(1)足(1)。
　　作中心語,受定語修飾(1)。《簡選》:
"吳闔廬選多力者五百人,利~者三千
人,以爲前陳。"

志(57) zhì　職吏切　照₃　志韻
图(56)❶心志,思想,志向(53)。
　　①作主語(11)。《本味》:"鼎中之變,
精妙微纖,口弗能言,~弗能喻。"
　　②作賓語(14)。《去宥》:"用~若是,
見客雖勞,耳目雖弊,猶不得所謂也。"
《孝行》:"和顏色,説言語,敬進退,養
~之道也。"
　　③作中心語,受定語修飾(26)。《達
鬱》:"心~欲其和也,精氣欲其行也。"
《順民》:"孤之~必將出焉。"
　　④構成聯合結構(2)。《精諭》:"見其
人而心與~皆見。"
　　❷記事的書籍(3)。
　　①作主語(1)。《貴當》:"~曰。"
　　②作中心語,受定語修飾(2)。《貴
公》:"嘗試觀於上~,有得天下者衆
矣。"
勔(1)❸記識(1)。
　　作中心語,受狀語修飾(1)。《貴公》:
"鬩朋之爲人也,上~而下求。"

志氣(3)　聯合式
图(3)思想,心志(3)。
　　①作主語(2)。《誣徒》:"~~不和。"
《精通》:"死而~~不安。"
　　②作定語,借助"之"(1)。《下賢》:
"迷乎其~~之遠也。"

穿　母

〔蚩〕 chī　赤之切　穿₃　之韻
蚩尤(3)　人名,傳説中東方九黎族首
領,曾與黄帝戰於涿鹿,失敗被殺。
《蕩兵》:"人曰:'~~作兵,~~非作
兵也,利其械也。'"

蚩尤之旗(1)　雲氣名。《明理》:"有其
狀若衆植華以長,黄上白下,其名~~
~~。"

齒(11) chǐ　昌里切　穿₃　止韻
图(9)❶門牙,牙齒(9)。
　　①作主語(2)。《權勳》:"先人有言
曰:'唇竭而~寒。'"
　　②作中心語,受定語修飾(4)。《博
志》:"凡有角者無上~。"
　　③構成聯合結構(3)。《決勝》:"諸搏
攫抵噬之獸,其用~角爪牙也,必託於
卑微隱蔽,此所以成勝。"
勔(2)❷並列,排列(2)。
　　作述語(2)。a.帶體詞性賓語(1)。
《尊師》:"天子入太學祭先聖,則~嘗
爲師者弗臣,所以見敬學與尊師也。"
b.帶補語(1)。《直諫》:"王曰:'不穀免
衣繦褓而~於諸侯,願請變更而無
笞。'"

齒年(1)　聯合式
图(1)年齡(1)。
　　作主語(1)。《上農》:"~~未長,不
敢爲園囿。"

饎(1) chì　昌志切　穿₃　志韻
勔(1)烹煮(1)。
　　構成聯合結構(1)。《仲冬》:"乃命大
酋,秫稻必齊,麴糵必時,湛~必潔。"

日　母

耳¹(70) ěr　而止切　日　止韻
图(70)人體五官之一,主聽(70)。
　　①作主語(18)。《本生》:"天全,則神
和矣,目明矣,~聰矣,鼻臭矣,口敏
矣。"
　　②作賓語(9)。《貴生》:"故雷則揜
~,電則揜目,此其比也。"《謹聽》:"舜
惡得賢天下而試禹? 斷之於~而已
矣。"
　　③作定語(7)。a.直接作定語(1)。
《侈樂》:"俶詭殊瑰,~所未嘗聞,目所
未嘗見。"b.借助"之"(6)。《適音》:"~
之情欲聲,心不樂,五音在前弗聽,"

《情欲》:"故～之欲五聲,目之欲五色,口之欲五味,情也。"

④作中心語,受定語修飾(9)。《自知》:"恐人聞之而奪己也,遽揜其～。"《淫辭》:"謂藏三(牙)〔～〕甚難而實非也。"

⑤構成聯合結構(23)。《貴生》:"夫～目鼻口,生之役也。"

〈活〉用如動詞,耳聞(4)。

構成聯合結構(4)。《知度》:"吾舉登也,已～而目之矣。"《知度》:"是～目人終無已也。"

耳²(14) ěr 而止切 日 止韻
囶(14)❶表示限止語氣(12)。

用於句末(12)。《忠廉》:"士患不勇～,奚患於不能?"

＊與"矣"連用(2)。《任數》:"馳騁而因～矣,此愚者之所不至也。"

❷表示肯定語氣(2)。

用於句末(2)。《察今》:"古今一也,人與我同～。"

〔珥〕 ěr 仍吏切 日 志韻
見"暈珥""暉珥"。

餌(2) ěr 仍吏切 日 志韻
囶(2)誘魚上鉤的食物(2)。

作主語(2)。《功名》:"善鉤者,出魚乎十仞之下,～香也。"

而¹(8) ér 如之切 日 之韻
囮(8)你(們)。第二人稱代詞(8)。

①作主語(1)。《孝行》:"善乎～問之。"

②作定語(7)。《忠廉》:"幸汝以成～名。"

而²(3) ér 如之切 日 之韻
囮(3)如同,好像(3)。

作述語(3)。a.帶體詞性賓語(1)。《順說》:"不設形象,與生與長,～言之與響。"b.帶謂詞性賓語(2)。《分職》:"食棘之棗,衣狐之皮,先王固用非其有～己有之。"

而³(2184) ér 日之切 日 之韻
囶(2184)❶連接詞或短語,前後兩部分是偏正關係(432)。

①連接兩個謂詞性成分(378)。《貴當》:"窺赤肉～(鳥)〔烏〕鵲聚,貍處堂～眾鼠散,衰絰陳～民知喪。"《報更》:"女何爲～餓若是?"《貴因》:"如秦者立～至,有車也。"《孝行》:"父母全～生之,子全～歸之。"《慎行》:"爲義者則不然,始～相與,久～相信,卒～相親。"

②連接一個體詞性成分和一個謂語性成分(54)。《慎勢》:"湯武之賢～猶藉知乎勢,又況不及湯武者乎?"《精通》:"何故～乞?"《行論》:"泣數行～下。"《制樂》:"三日～穀亡。"《觀士》:"千里～有一士,比肩也。"

＊"而"的前一部分或表條件、原因、目的(155),或表方式、狀態(186),或表時間、處所、範圍(91)。

＊體詞性成分均在"而"前。

❷連接詞或短語,前後兩部分是補充關係(87)。

連接兩個謂詞性成分(87)。《開春》:"先王必欲少留～撫社稷、安黔首也。"《下賢》:"昏乎其深～不測也。"《不屈》:"使工女化～爲絲,不能治絲。"《明理》:"有其狀若懸旍～赤。"《安死》:"入門～左,從客也。"《召類》:"期以一月,六月～後反。"

＊"而"的後一部分或補充說明目的(25),或補充說明程度、結果、性質(57),或補充說明方位、時間(5)。

❸連接詞或短語、分句,前後兩部分是並列關係(1585)。

①連接兩個謂詞性成分(1521)。《圜道》:"物動則萌,萌～生,生～長,長～大,大～成。"《達鬱》:"國鬱處久,則百惡竝起,～萬災叢至矣。"《君守》:"既靜～又寧,可以爲天下正。"《慎行》:"知害人～不知人害己也。"

②連接兩個體詞性成分(26)。《孝行》:"夫孝,三皇五帝之本務,～萬事之紀也。"《慎大》:"夫憂所以爲昌也,～喜所以爲亡也。"《不廣》:"北方有獸,名曰蹶,鼠前～兔後。"《圜道》:"其所欲者之遠～所知者之近也。"

＊"而"或連接兩個並列的判斷句語(15),或連接兩個並列的判斷句(1),或在描寫句中連接兩個並列的體詞謂語(10)。

③連接一個體詞性成分和一個謂詞性成分(38)。《審時》:"得時之稻,大本～莖葆。"《博志》:"矢之速也,～不過二里,止也。"《審時》:"其粟圓～薄糠。"

✽體詞性成分可在"而"前(33),也可在"而"後(5)。

✽"而"前後兩項語義上或是順承關係(700),或是並列關係(296),或是轉折關係(589)。

❹連接詞或短語,前後兩部分是主謂關係(19)。《不屈》:"施～治農夫者也,公何事比施於螣蟓乎?"《壹行》:"夫白～白,黑～黑,夫賁又何好乎?"《勿躬》:"人君～好爲人官,有似於此。"《當務》:"一父～載取名焉。"

✽"而"出現在主、謂語之間,或表示強調(10),或表示轉折語氣(9)。

❺連接詞或短語,前後兩部分是述賓關係(27)。

《貴卒》:"今君王以所不足益所有餘,臣不得～爲也。"《去私》:"南陽無令,其誰可～爲之?"

✽"而"前均爲助動詞。"可"(7),"得"(9),"可得"(11)。

❻連接分句,表示假設(23)。

①處於前一分句句首(9)。《舉難》:"客,衛人也。衛之去齊不遠,君不若使人問之。～固賢者也,用之未晚也。"

②處於前一分句句中(14)。《察傳》:"聞～審,則爲福矣;聞～不審,不若無聞。"

❼連接分句,引出進一層的意思(10)。

處於後一分句句首(10)。《情欲》:"天地不能兩,～況於人類乎?"

【然而】(18) 見"然"。

[備考]《論威》:"欲急疾捷先之道,在於知緩徐遲後～急疾捷先之分也。"畢沅曰:孫云:"'而'字《御覽》作'緩徐遲後'四字。"松皋圓曰:而猶與也。

而⁴(1) ér 日之切 日 之韻
圖(1)表示確定的語氣(1)。

處於句末(1)。《當務》:"子,肉也;我,肉也;尚胡革求肉～爲?"

✽與語氣詞"爲"連用。

而已(34)
圖(34)表示限止語氣(34)。

處於句末(34)。《期賢》:"今夫爝蟬者,務在乎明其火,振其樹～～。"

✽常與其他語氣詞(主要是"矣"(25))連用(26),連用時,"而已"位置在前,其他語氣詞在後。《蕩兵》:"貴賤、長少、賢者不肖相與同,有巨有微～～矣。"《貴當》:"故賢主之時見文藝之人也,非特具之～～也。"

鮞(1) ér 如之初 日 之韻
圖(1)魚名(1)。

作中心語,受定語修飾(1)。《本味》:"魚之美者,洞庭之鱄,東海之～。"

臑(1) ér
圖(1)通"胹"。煮(1)。

作述語,帶體詞性賓語(1)。《過理》:"使宰人～熊蹯,不熟,殺之。"

✽"臑""胹"同爲日母之部,"臑"通"胹"爲同音通假。

喻 母

飴(3) yí 與之切 喻四 之韻
圖(2)用麥芽制成的糖稀(2)。

作賓語(2)。《異用》:"仁人之得～,以養疾侍老也。"

[備考]《審時》:"得時之黍…春之易,而食之不噎而香,如此者不飴。"譚戒甫曰:文廷式云"飴,當作錫"。蓋"不錫"者,猶言不厭耳。蔣維喬等曰:《御覽》八四二引"飴"作"餳"。"不餳"猶言不壞敗也。陳奇猷云:"飴"讀爲"餲"。謂食物經久而味惡也。

以¹(66) yǐ 羊已切 喻四 止韻
圖(61)❶用,由(55)。

①作述語,帶體詞性賓語(41)。《審己》:"稼生於野而藏於倉,稼非有欲也,人皆～之也。"《分職》:"爲圓必～規,爲方必～矩。"

②作中心語,受狀語修飾(6)。《求人》:"先王之索賢人,無不～也。"

③構成所字結構(6)。《本味》:"夫三羣之蟲,水居者腥,肉玃者臊,草食者羶,臭惡猶美,皆有所～。"《審己》:"聖

人不察存亡、賢不肖,而察其所～也。"
〈活〉用如名詞,所用,辦法(2)。
作賓語(2)。《貴當》:"欲得良狗,則家貧無～。"《無義》:"欲埋之責,非攻無～。"

❷認爲(6)。
作述語,帶謂詞性賓語(6)。《去尤》:"彼～至美不如至惡。"《壅塞》:"今自～賢過於堯舜。"

罙(5) ❸原因(5)。
作賓語(5)。《直諫》:"凡國之存也,主之安也,必有～也。"

以² (10) yǐ 羊已切 喻₄ 止韻
㠯 (10) 此(10)。
作主語(10)。《貴信》:"故《周書》曰:'允哉!允哉!'～言非信則百事不滿也。"《務本》:"《大雅》曰:'上帝臨汝,無貳爾心。'～言臣之行也。"

以³ (1231) yǐ 羊已切 喻₄ 止韻
㠯 (1230) ❶引進動作行爲涉及的對象或所賴以實現的憑藉(993)。
① 帶體詞性賓語(887)。《知士》:"吾豈可～先王之廟予楚乎!"《當賞》:"民～四時寒暑日月星辰之行知天。"《下賢》:"堯不～帝見王倪見善綣。"《士容》:"田駢送之～目。"
✱ 賓語常常省略(375)。《簡選》:"今有利劍於此,～刺則不中,～擊則不及。"
② 帶謂詞性賓語(106)。《知度》:"～未無不知,應無不請,其道固窮。"《慎勢》:"故～大畜小吉,～小畜大滅。"《務大》:"薄疑應衞嗣君～無重稅。"

❷引進動作行爲的原因(219)。
① 帶體詞性賓語(203)。《舉難》:"～人之小惡亡人之大美。"《察微》:"吳楚～此大隆。"
✱ 賓語常常省略(151)。《決勝》:"故商、周～興,桀紂～亡。"《舉難》:"季孫氏劫公家,孔子欲諭術則見外,於是受養而便說。魯國～嘗。"
② 帶謂詞性賓語(16)。《當賞》:"凡賞非～愛之也,罰非～惡之也。"《行論》:"松下亂,先君不～安棄羣臣也。"

❸引進動作行爲的時間、起點(14)。
帶體詞性賓語(14)。《孟春》:"天子乃～元日祈穀于上帝。"《長見》:"不～吾身爵之,後世有聖人,將以非不穀。"

❹引進某種狀況存在的範圍(4)。
① 帶體詞性賓語(2)。《制樂》:"亂世則慢～樂矣。"
✱ 賓語省略(1)。《務大》:"所有者千乘也,願～受敎。"
② 帶謂詞性賓語(2)。《季夏》:"是月也,土潤溽暑,大雨時行,燒薙行水,利～殺草。"
✱ 賓語省略只發生在"以"構成的介詞結構充任狀語的情況下(549)。
✱ 介詞"以"的疑問代詞賓語均前置(32);非疑問代詞賓語有時前置(53)。後者如《士容》:"衛君死,吾將汝兄代之。"《爲欲》:"以不信得原,不若勿得也;必誠信～得之,歸之者非獨衛也。"《無義》:"重～得之,輕必失之。"

[備考]《開春》:"共伯和修其行,好賢仁,而海內皆以來爲稽矣。"高誘注:"皆以來附爲稽遞也。"俞樾曰:"以""爲"二字衍文也。

【以…爲】(195) a.表示客觀事實或實際做法,意爲"用…作"(84)。《知度》:"趙襄子之時,～任登爲中牟令。"《本生》:"～此爲君,悖;～此爲臣,亂;～此爲子,狂。"b.表示主觀看法,意爲"把…看(當)作""認爲"(111)。《審分》:"此五者,皆～牛爲馬,～馬爲牛,名不正也。"《勸學》:"吾～汝爲死矣。"《異寳》:"我～不受爲寶。"《長見》:"夫悖者之患,固～不悖爲悖。"
✱ "以""爲"之後同時帶體詞性賓語時(54),或表示客觀事實、實際做法(24),或表示人們的主觀看法(30);"以""爲"之後出現一個謂詞性賓語時(40),大多表示主觀看法(37);"以""爲"之後同時帶謂詞性賓語時(10),只表示主觀看法。
✱ "以"後的賓語時常省略,構成"以爲"格式(91)。1."爲"後帶體詞性賓語時(65),大多表示客觀事實、實際做法(59)。如《不廣》:"得尸三萬,～爲二京。"也可以表示主觀看法(6)。如《先己》:"寡人～爲迂言也。"2."爲"後帶謂詞性賓語時,表示主觀看法(26)。如